普通高等教育应用型教材

海南省教育厅高校科研资助项目

促销管理技术实训

李 纲　著
程 鹏

机械工业出版社

本书主要针对企业的促销环节进行深入剖析，使学生了解企业的实际经营环境；采用模拟操作与实际训练相结合的形式，帮助学生掌握基本的销售促进方法，培养学生对企业经营的思考能力、分析能力、决策能力、应变能力和团队协作能力，更早、更好地适应未来的工作。

本书面向多个行业的促销工作实际，具有实用、管用、够用的特色，适合用作市场营销、工商管理、企业管理等专业的本科教学与实训教材，也可用于高职高专层次教学与实训，还可用于培训相关行业企业的促销经理或营销策划人员。

图书在版编目（CIP）数据

促销管理技术实训/李纲，程鹏著．—北京：机械工业出版社，2008.9（2025.2 重印）

普通高等教育应用型教材

ISBN 978-7-111-25090-6

Ⅰ．促… Ⅱ．① 李… ② 程… Ⅲ．企业管理：销售管理—高等学校—教材　Ⅳ．F274

中国版本图书馆 CIP 数据核字（2008）第 138678 号

机械工业出版社（北京市百万庄大街 22 号　邮政编码 100037）
策划编辑：孔文梅　　　责任编辑：赵树尧
封面设计：鞠　杨　　　责任印制：郜　敏
北京富资园科技发展有限公司印刷
2025 年 2 月第 1 版第 12 次印刷
169mm×239mm・14 印张・267 千字
标准书号：ISBN 978-7-111-25090-6
定价：35.00 元

电话服务	网络服务
客服电话：010-88361066	机 工 官 网：www.cmpbook.com
010-88379833	机 工 官 博：weibo.com/cmp1952
010-68326294	金 书 网：www.golden-book.com
封底无防伪标均为盗版	机工教育服务网：www.cmpedu.com

前　言

促销的目的是与消费者沟通信息、赢得信任、激发需求、促进购买，它是争取目标顾客的有效方法、对付竞争者的有力武器，在激烈的市场竞争中起着举足轻重的作用。

现代促销方法千变万化，从大的方面可分为对消费者促销、对经销商促销、对销售人员促销三大类。从具体内容来看，对销售人员的促销应该属于"销售管理"中的"销售人员的激励"范畴，因而本书只涉及对消费者和经销商的促销，选取了14种常用且具有代表性的促销方法，以项目的形式进行深入分析和全面训练。

促销是多个行业普遍采用的营销工具，各行各业需要的促销从业人员数量非常庞大，各种促销管理岗位是管理类大学生就业的一个亮点。而促销管理工作是一个对从业人员的实际操作能力要求非常高的职业，仅仅掌握促销理论知识是远远不够的。

与传统教材的写作思路不同，本书模拟企业实际工作环境（书中的部分案例就来源于我们的工作实践），针对企业营销中的促销环节进行深入剖析，使学生了解企业的实际经营环境；采用模拟操作与实践训练相结合的形式，帮助学生掌握14种基本的促销方法，培养学生对企业经营的思考能力、分析能力、决策能力、应变能力和团队协作能力，以便更早、更好地适应未来的工作。本书是否达到了预期的设想，我们期待着读者的评判。

本书面向食品、饮料、餐饮、百货、通信、家电、医药保健、洗涤化工、网络等多个行业的实际促销工作，具有实用、管用、够用的特色，适合用作市场营销类、工商管理类、经济贸易类等专业的本科教学与实训教材，也可用于培训相关行业企业的促销经理或营销策划人员。

本书得到以下资助和支持：

2007年度海南省教育厅高校科研资助项目："班级企业的模拟运营——管理类专业学生的实际技能培养方法探索"（项目号：Hjsk200717）；

2006年度海南大学科研基金资助项目："大学生基本职业能力研究"（项目号：Kyjj0634）。

特别感谢郎群秀、贾兴洪、李静、季华、吴国庆、许树帜等同仁和朋友，他们为本书的成稿做出了很大的贡献。

本书每个项目中的"实践练习"内容，来源于海南大学应用科技学院2005、

2006 工商管理专业、2007 市场营销专业的教学实践，这些同学的参与使本书更加完善，特此表示感谢！

为方便教学，本书配备电子课件。凡选用本书作为教材的教师均可索取，请发送邮件至 cmpgaozhi@sina.com，咨询电话：010-88379375。

本书在撰写过程中，查阅参考了大量的资料，限于篇幅无法在参考文献中一一列举，在这里一并感谢并深表歉意！

李 纲

目 录

前言

导读 1

实训项目 1　优惠券 3

 一、实训要求 3
 二、概念陈述　　优惠券——帮你省钱 3
 三、情景导入　　肯德基品种繁多的优惠券 4
 四、实景训练 4
 五、相关知识　　优惠券的类型 10
 　　　　　　　　优惠券的优点 10
 　　　　　　　　优惠券的缺点 11
 六、典型案例分析　送上门的优惠券 11
 七、实践练习　　南国椰子粉在线优惠券促销活动实施方案 12

实训项目 2　折价优待 14

 一、实训要求 14
 二、概念陈述　　折价优待——购物，商场给回扣 14
 三、情景导入　　丹尼斯超市年底大回馈 15
 四、实景训练 15
 五、相关知识　　折价促销的作用与效果 27
 　　　　　　　　价格促销的诚信问题 28
 六、典型案例分析　打折，让我欢喜让我忧 28
 七、实践练习　　大润发的折价优待促销活动实施方案 30

实训项目 3　退费优待 31

 一、实训要求 31
 二、概念陈述　　退费优待——购物后迟到的礼物 31
 三、情景导入　　百友、旭日升联袂主演夏日激情 32
 四、实景训练 32
 五、相关知识　　退费优待的方法 40
 　　　　　　　　退费优待的类型 41

	退费优待的优点	42
	退费优待的缺点	43
六、典型案例分析	阿汉餐馆的退费优待	44
七、实践练习	家乐福的退费优待促销活动实施方案	44

实训项目4　集点优待　46

一、实训要求		46
二、概念陈述	集点优待，让你穿上购物的"红舞鞋"	46
三、情景导入	"力波"啤酒的"集点换物"促销活动	47
四、实景训练		47
五、相关知识	集点优待的方法	53
	集点优待的优点	54
	集点优待的缺点	55
	举办集点优待活动的注意事项	55
六、典型案例分析	花样众多的集点优待	57
七、实践练习	大嘴鱼乡餐馆集点优待促销活动实施方案	61

实训项目5　抽奖促销　62

一、实训要求		62
二、概念陈述	抽奖促销，试试你的运气	62
三、情景导入	五花八门的电信抽奖	63
四、实景训练		64
五、相关知识	抽奖促销杂谈	73
六、典型案例分析	奇特的有奖销售	74
七、实践练习	海口通信城开业抽奖促销活动实施方案	75

实训项目6　有奖竞赛　77

一、实训要求		77
二、概念陈述	有奖竞赛"赢"了消费者的心	77
三、情景导入	万人竞登黄鹤楼	78
四、实景训练		79
五、相关知识	有奖竞赛的特点	89
	有奖竞赛的作用	90
	有奖竞赛的形式	90
六、典型案例分析	MOTO来真的	91
七、实践练习	小灵通有奖知识竞赛促销活动实施方案	95

实训项目 7　赠送样品 96
　　一、实训要求 96
　　二、概念陈述　赠送的样品是"诱饵"吗？ 96
　　三、情景导入　靠赠品促销打开了市场的大门 96
　　四、实景训练 97
　　五、相关知识　赠送样品的形式 101
　　　　　　　　　赠送样品的注意事项 102
　　六、典型案例分析　宝洁派发新举 103
　　七、实践练习　春光螺旋藻饼干赠品促销活动实施方案 104

实训项目 8　付费赠送 106
　　一、实训要求 106
　　二、概念陈述　付费赠送——花豆腐钱买了肉 106
　　三、情景导入　海南移动"一元购机" 107
　　四、实景训练 107
　　五、相关知识　付费赠送的特点 114
　　　　　　　　　赠品的选择 114
　　　　　　　　　运用付费赠送的技巧 116
　　六、典型案例分析　海南移动预存话费送话费优惠活动 117
　　七、实践练习　海口金茂送水站付费赠送促销活动实施方案 119

实训项目 9　包装促销 121
　　一、实训要求 121
　　二、概念陈述　包装促销，让购物"锦上添花" 121
　　三、情景导入　"碧倩洗发精"送黄金坠子促销 122
　　四、实景训练 122
　　五、相关知识　包装促销的类型和内容 128
　　　　　　　　　包装促销的优点 129
　　　　　　　　　包装促销的缺点 130
　　六、典型案例分析　四种包装促销方式的典型案例 131
　　七、实践练习　文昌鸡包装促销活动实施方案 133

实训项目 10　零售补贴 135
　　一、实训要求 135
　　二、概念陈述　零售补贴，不贴钱就贴物 135

三、情景导入	用手机套餐"吃"出钱来——用联通套餐，送国美家电	136
四、实景训练		136
五、相关知识	零售补贴的形式和内容	141
六、典型案例分析	东方商场给中秋月饼"零售补贴"	142
七、实践练习	东方广场元旦零售补贴促销活动实施方案	144

实训项目 11　公关赞助 ... 145

一、实训要求		145
二、概念陈述	公关赞助让企业带上"光环"	145
三、情景导入	壳牌美境行动，环保人人动手	146
四、实景训练		147
五、相关知识	公关赞助的内涵	153
	公关赞助的意义	154
	公关赞助的类型	154
	公关赞助的方式	155
	公关赞助的研究	155
	公关赞助的注意事项	156
	公关赞助的协议书模板	156
六、典型案例分析	最先赞助北京奥运会的"牛"——蒙牛	158
七、实践练习	"多背一公斤去远足"公关赞助促销活动实施方案	160

实训项目 12　经销商销售竞赛 ... 162

一、实训要求		162
二、概念陈述	经销商销售竞赛——渠道为王	162
三、情景导入	节能冰箱销售竞赛	163
四、实景训练		163
五、相关知识	经销商销售竞赛促销活动的沟通	171
	经销商销售竞赛促销活动的效果	172
	经销商销售竞赛促销活动的注意事项	172
六、典型案例分析	新浪搜索引擎全国销售冠军赛	173
七、实践练习	海南移动经销商竞赛促销活动实施方案	175

实训项目 13　会议促销 ... 177

一、实训要求		177
二、概念陈述	会议促销：在互动中占领市场	177

三、情景导入　伊更美魅力女人沙龙促销 177
　四、实景训练 178
　五、相关知识　会议促销的三个阶段 185
　　　　　　　　会议促销的优缺点 187
　　　　　　　　会议促销成功的因素 187
　　　　　　　　会议促销的邀约方法 188
　六、典型案例分析　促销美容卡的慈善会议 189
　七、实践练习　海南邮政"思乡月"月饼品尝会促销活动实施方案 191

实训项目 14　户外路演 193
　一、实训要求 193
　二、概念陈述　户外路演——促销交响乐 193
　三、情景导入　柯达户外路演　体验数码魅力 194
　四、实景训练 194
　五、相关知识　户外路演杂谈 207
　六、典型案例分析　汇源果汁青岛户外路演活动 207
　七、实践练习　安乐寿险公司户外路演促销活动实施方案 210

参考文献 211

导　　读

　　本书中每个项目对应一种促销方法，每个项目中首先通过对企业实际促销案例的剖析，使学生既了解促销活动的实际内容与过程，又掌握了促销活动的流程设计和实施步骤；其次，通过对典型实际案例的分析，使学生熟悉促销活动的策划思路，弄清楚该案例的长处与不足；最后，通过一个实际场景的应用练习，达到真正运用这种促销方法的目的。

　　每个项目有七个环节，具体的撰写模式如下：

　　一、实训要求

　　通过对实训要求的说明，给出本项目的结构、内容、重点。

　　二、概念陈述

　　说明本促销工具的起因、原理、特点、用途等基本内容。

　　三、情景导入

　　选择真实案例进行剖析实训，说明案例发生时的条件和原因，重点介绍企业当时所处的市场竞争环境和想要达到的目的。

　　四、实景训练

　　这是本项目的重点，针对导入的情景案例，运用相应的促销方法完成整个促销活动的实施方案，包括它的设计流程、需要考虑的问题、应注意的细节、方案的格式等。本环节的每个步骤分为三部分：

　　（1）操作要点：本步骤要完成的任务重点。

　　（2）操作内容：本步骤的实施内容。把各步的操作内容连起来应形成促销活动的实施方案。

　　（3）操作说明：实施本步骤应考虑的因素和注意事项（不局限于本案例）。把各步的操作说明连起来应形成促销活动的解释方案。

　　五、相关知识

　　说明本促销方法的内涵、意义、类型、特点、形式、作用、优缺点和可以达到的目的、效果以及使用方法、适用条件、注意事项等与本促销方法相关的知识。

六、典型案例分析

介绍运用本促销方法的典型实际案例,并分析其长处和不足。有些促销方法有几种形式时,则对每种形式选一个相应的案例进行分析。

七、实践练习

提供一个实际场景供学生练习,并对各个环节的重点给出说明,要求写出该促销活动的实施方案。

实训项目 1

优 惠 券

一、实训要求

1．了解优惠券促销的起源和用途等基本内容。
2．掌握实施优惠券促销的基本方法，包括它的设计套路、需要考虑的问题、注意的细节等。
3．了解优惠券的类型及优缺点。
4．会分析一个优惠券促销活动的长处和不足。
5．能根据一个实际场景做出优惠券促销活动的实施方案。

二、概念陈述

优惠券——帮你省钱

优惠券又称折价券、优待券，是制造商或零售商发给消费者的一种凭证。消费者在购买促销品牌的商品，或者到指定的商店购物时，只要出示优惠券，就可以享受到相当于优惠券面值的折价优惠。最早的优惠券是于 1895 年在美国出现的。当时，一位名叫波斯特的食品制造商，为了促销一种方便食品，印制了一些标价为一美元的纸券。他规定，凡是顾客购买这种指定食品时，同时出示这种纸券，就可以少付一美元，结果，他的食品很快销售一空。

优惠券运用的方式很多，但大多是在某种产品或服务未能如期销售或获利时，为了达到预期的目标，所特别策划的促销活动。

现在，优惠券促销被广泛运用。在超市里，经常可以看到家庭主妇们拿着五花八门的优惠券，按图索骥地购买商品。优惠券可以看作是商家对购买自己商品的消费者进行的奖励。消费者得到优惠券后，为了贪图便宜，往往会使用它，从而促进了销售。对新产品来说，使用优惠券能引起消费者对产品的试用欲望；对老产品来说，在销售进展停滞时，优惠券能提升消费者对品牌的兴趣，进而提高销售量。

优惠券的实质是变相降价,但采用优惠券的形式可以避免价格战,也可以避免公开降价对产品形象造成的损害,而消费者也往往认为是商家对自己的优待,有"占便宜"的感觉。

三、情景导入

肯德基品种繁多的优惠券

肯德基(KFC,是Kentucky Fried Chicken 肯德基炸鸡的缩写)是世界最大的炸鸡快餐连锁企业,隶属于百胜全球餐饮集团(Yum! Brands Inc.)。总部座落在美国肯塔基州的路易维尔市。1930年,肯德基的创始人哈兰·山德士上校(Colonel Harland Sanders)在美国肯塔基州开了第一家餐厅。目前,肯德基在世界80多个国家和地区拥有11 000多家连锁店。1987年11月12日,我国第一家肯德基餐厅在北京前门开业。从而开始了她在这个拥有世界最多人口的国家的发展史:1992年10家,1996年100家,2004年1 000家,2007年2 000家。截至2008年3月底,肯德基在我国的餐厅数量达到2 100多家。肯德基近年来以每天至少一家的开店速度快速发展,成为我国餐饮业规模大、发展快、效益好的连锁品牌。

肯德基经常采用的营销手段就是品种繁多、令人眼花缭乱的优惠券促销。

四、实景训练

优惠券促销活动策划及实施过程如图1-1所示。

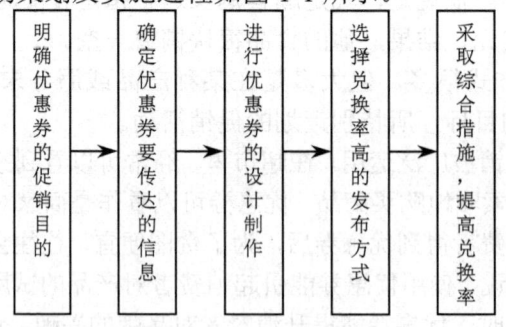

图1-1 优惠券促销活动的策划及实施过程

[第一步] 明确优惠券的促销目的

🢂 操作要点

1. 向目标消费者传递优惠信息。
2. 增加销售额。
3. 吸引新顾客、巩固老顾客。
4. 收集有效市场信息。

📎 操作内容

在本案例中,肯德基优惠券促销活动的目的是:
1. 向周边消费者告知"果仁脆皮甜筒"优惠的消息,扩大影响。
2. 吸引老顾客来消费,新顾客来尝试。
3. 增加销售额。

📋 操作说明

1. 优惠券一般用于如下情况:
（1）扭转产品或服务销售下跌的趋势,然而,如果劣势已延续多时,则局势是难以扭转的。
（2）提高某一品牌在同类产品中的市场占有率。
（3）在销售停滞时,提升消费者对商品的兴趣。

2. 以往优惠券一直被认为是持有人在购货时享受折价、特惠价或换取某种赠品的一种凭证。而最近优惠券则被用于向消费者提供各式各样的优惠奖励上,从退费优待到联合促销,甚至赠送免费样品,不一而足。

3. 利用优惠券还可达到其他目的,比如,有的商家将优惠券的反面印上市场调查表,让消费者填写,在消费者使用优惠券的同时收集相关的市场信息,起到了一券多用的效果。因此,为了更多地发挥优惠券的作用,销售商可以同时利用优惠券做销售以外的事情。

[第二步] 确定优惠券要传达的信息

🢂 操作要点

1. 明确使用方法。
2. 确定限制范围。
3. 确定有效期限。
4. 拟定说明文案。

📎 操作内容

在本案例中,肯德基通过优惠券传达了这些信息:

1. 优惠券使用方法：凡持优惠券的消费者只需花费 2.5 元，即可买到价值 3.5 元的"果仁脆皮甜筒"一个。

2. 限制范围：优惠券仅限在非早餐时段使用，不能兑换现金，每次消费仅限使用一张。

3. 有效期限：2005 年 5 月 30 日至 2005 年 7 月 17 日。

4. 说明文案：如图 1-2 所示。

图 1-2

📖 操作说明

1. 优惠券有一个非常重要的部分，就是优惠内容，即用简单的文字对消费者和零售商说明优惠券的使用办法、限制范围、有效期限等内容。

2. 优惠券应包括以下内容：
（1）促销主题。
（2）优惠的额度。
（3）促销范围和时间期限。
（4）优惠券兑换的地点或经销店。
（5）具有说服力的介绍。
（6）发券企业、店名、地址与咨询电话。

3. 优待额度有不同的表示方法，有绝对额度和相对额度。绝对额度是指凭券消费可抵扣多少现金或赠送价值为多少元的其他商品；相对额度指凭券消费能享受到的优惠折扣。研究表明，优惠折扣为零售价的 10%～30%时兑换率最高。

[第三步] 进行优惠券的设计制作

➜ 操作要点

1. 原则上优惠券可以被设计成任意大小或各种不同的外形。

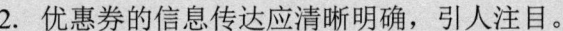

2. 优惠券的信息传达应清晰明确，引人注目。

📚 **操作内容**

1．本案例中，肯德基的优惠券被设计成上下两部分。上半部分突出"果仁脆皮甜筒"优惠的价格和两个口味的产品实物图示；下半部分是优惠券的使用说明。

2．整张优惠券构图简洁、大方，色调以天蓝色及摩天轮为背景，很好地突出了此款产品的宣传主题"美味转转摩天轮"。

📋 **操作说明**

1．对广告主而言，通常喜欢按照钱币的大小形状来设计制作优惠券，因为此种形式的优惠券，易于被消费者、零售商和促销公司处理与辨认。

2．优惠券最好能与促销主题紧密联结，其信息的传达应该清晰明确以引人注目，相对而言，"艺术美感与创意技巧"则是次要工作。

3．优惠券上的文字应大小适当，使人易看易读，有利于消费者了解优惠内容，方便零售商兑换。

[第四步]　选择兑换率高的发布方式

➡ **操作要点**

1．直接发送。
2．媒体发送。
3．随商品发送。

📚 **操作内容**

在本案例中，肯德基是这样发送优惠券的：

1．为加强与目标顾客的直接交流，选择由工作人员直接发送的方式，在门店附近主要道路口赠送。

2．在官方网站 http://www.kfc.com.cn 上发布，由消费者自行打印后使用。

📄 **操作说明**

1. 应根据目标消费者的分布范围、生活习惯和消费习惯等特点来选择恰当的优惠券发布方式，以提高兑换率。

2. 优惠券发布方式、发布策略的不同将产生不同的营销效果。发送优惠券一般有以下几种方式。

（1）刊登在报纸上：以广告的形式在覆盖目标群体的报纸上刊登优惠券，消费者从报纸上剪下优惠券即可使用，可以起到良好的广告效果。报纸优惠券凭借报纸的高发行量，可以广为散发，但浪费较大。

（2）刊登在杂志上：根据杂志覆盖的目标人群，杂志优惠券能够有针对性地送到目标人群手中。但是这种传播方式成本较高、传播路径较长，实施起来效果并不理想。

（3）定点发送：先确定目标消费群体，再有针对性地定点发送优惠券，这种方式的优点是能够保证优惠券的送达率。如企业通过登门拜访、街头拦送方式将优惠券送到消费者手中，由于发送对象是经过选择的，针对性强，通常是目标范围内的消费者，因此，兑换率也会相应提高，效果非常明显，但成本较高。

（4）夹带：企业印好优惠券，随同报纸或杂志一同送达消费者手中，它是利用报纸或杂志的渠道而又不需要支付广告费用传送优惠券的方式，其成本低，普及率高，效果好。

（5）邮寄：通过邮政渠道送达优惠券的方式之一，其针对性较强，但成本较高。

（6）卖场分发：在销售商品的卖场分发，其针对性最强，优惠券的兑换率最高。

（7）特殊渠道赠送：如将优惠券印在收银机开出的发票背面、放在商店购物架上由消费者随取等。

（8）网络发布：在自己的网站上内嵌一个优惠券供用户下载，不但可以促销，还能提升顾客的忠诚度。

以肯德基为例，网上打印优惠券需注意：

在肯德基官方网站的优惠券图片上点击右键选择"打印图片"，彩色、黑白打印或者复印都可以使用。可能由于这样一些情况，您无法正常打印：

（1）有时电子优惠券是以 Flash 制作的。因此在打印的时候，输出比较慢，需要等一段时间才能打印出来。

（2）有时打印页面还没完全下载完毕，就按动打印键，造成打印错误。

（3）有时，不断地按下"打印键"，造成打印机无法正常接受指令。

(4)打印机的设置或连接有误。

[第五步] 采取综合措施,提高兑换率

操作要点

1. 分析影响优惠券兑换率的因素。
2. 制订提高优惠券兑换率的措施。

操作内容

本案例中,肯德基主要是依靠消费者对其品牌的较高认知度和较大的商品优惠幅度来吸引消费者。

操作说明

1. 兑换比率高低是影响优惠券促销活动成败的关键因素,除了在优惠券的内容、形式、发送方式上用心去做之外,还应采取一些配合措施,以提高兑换比率。

2. 以下是美国尼尔森促销顾问公司所发现的 13 种影响优惠券兑换率的主要因素:

(1)优惠券递送方式。
(2)商品等级、大小。
(3)优惠券的到达率。
(4)消费者对商品的需要度。
(5)消费者的品牌认知度。
(6)品牌忠诚度。
(7)品牌的经销能力。
(8)优惠券面值。
(9)新或旧品牌商品。
(10)优惠券促销广告的设计与表现。
(11)优惠券的折价条件。
(12)使用地区范围。
(13)竞争品牌的活动内容。

五、相关知识

优惠券的类型

一般说来,优惠券可分为两大类:零售商型优惠券和厂商型优惠券。

1. 零售商型优惠券只能在某一特定的商店或连锁店使用。绝大部分零售商型优惠券运用时，以吸引消费者光临某一特定商店为主要目的，而不是为了使顾客购买某一特别品牌的商品。此外，它也被广泛用来协助刺激对店内各种商品的购买欲。许多实例显示，零售商型优惠券也是零售店与厂商间一个绝佳的销售组合，其目的在于给消费者提供一个动人的诱因，以吸引他们到特定的商店，购买特定的商品。

2. 厂商型优惠券是由产品制造商的营销人员所规划和散发的。通常可在各零售点兑换，并获得购买该品牌商品的折价或特价优待。对厂商型优惠券而言，零售店如同厂商的活动代理，负责回收优惠券，统一整理后退回厂商手里。随后，厂商再依据优惠券面额外加处理费用，一并支付给零售店。这种类型的优惠券对于经销各种品牌或商品的零售店均适用。其主要目的是增加消费者对某厂商生产的同品牌或不同品牌的系列产品的购买欲望，同时对零售商而言，也可起到吸引顾客的目的。

优惠券的优点

1. 不论是旧商品或新上市商品，运用优惠券促销，均能刺激消费者的试用。例如，据统计，美国约有65%的优惠券兑换者是商品的新顾客，对新品牌而言，兑换者中新顾客的比例可以高达100%，对旧品牌则降至50%。在我国，这个比例数字可能正好相反，因为顾客不会轻易尝试一个新品牌的商品。

2. 运用优惠券，可以使试用者转变为长期的忠实用户。当消费者使用过某种商品且能够接受它时，若再运用优惠券促销，则效果更好。优惠券常是刺激购买意愿的一大利器，尤其是市场中的同质商品处于白热化的竞争状况时，更是立竿见影。

3. 优惠券的长处在于能迅速递送至大多数潜在顾客和现有顾客手中。优惠券可以在许多零售点兑换，尤其又可配合多种发送渠道大量散发。此外，优惠券更可借各种不同的媒体，针对特定目标对象积极促销。

4. 优惠券可提高既有消费群体的购买量。这是攻击竞争品牌的一大秘诀，因为通过优惠券可刺激一般消费者多购买本商品，减少购买其他没有送优惠券的商品。这个所谓的"卸货高升"（Loading up），导致消费者的超量购买，势必使其离开市场一段时间，因而削弱了竞争品牌的营销效力。

5. 优惠券可用来推荐新口味、新规格，或进行其他产品线的延伸。当一个产品已具知名度,且颇受消费者欢迎时,利用优惠券鼓励其购买新产品,效果最显著。通常利用优惠券减价促销,是创造新产品销售业绩最好的方法之一。

6. 优惠券可用来协助零售商吸引消费者购买更大量或更高价格的商品。当消费者在货架前选购商品时,优惠券可刺激他购买较贵的商品,亦可激励他购买较大量的商品。

7. 一般来说,当消费者取得优惠券时,很快会去兑换,因此,与其他形式的促销活动相比,优惠券体现在"拉"上的威力效果卓越。基于分送方式的差异,优惠券回收有可能拖延达数月之久。

优惠券的缺点

1. 由于消费者的反应较难预测,而优惠券面额、运用时机、各品牌分摊比例、分送方式、创意表现、竞争态势及媒体选择等都会影响到优惠券的兑换率,因此确定兑换经费的预算就比较困难。

2. 大多数优惠券会很快地拿来兑换,但仍有少数拖过有效期过后才来兑换。

3. 优惠券一般在产品销售淡季时运用最有效,但随着市场竞争的加剧,竞争力稍弱的商品会在销售旺季也促销,最终导致商品长年促销,养成了消费者对促销活动的依赖。

4. 消费者能清楚地判断一个知名度不高的商品,在举行优惠券促销活动时,其所减少的金额是否值得参与。所以,对一个消费者不知产品价值所在或是未具知名度的产品或服务而言,优惠券似乎成效不佳,除非产品或服务在价格与价值的比较上已深获消费者认同。

5. 运用优惠券来增加消费者的尝试意愿,通常花费的成本要比运用其他促销方法高。

六、典型案例分析

送上门的优惠券

在商界,经营者都十分清楚电视广告对商品的促销作用。然而,昂贵的电视广告费使不少中小企业望而却步。随着商品经济的发展,广告的创意与策划已越来越被经营者重视。

上海西藏路上有一家颇具规模的超市,每周三就将下一周商场主要物品的价目表及一些商品信息印成小报,或派人送上门,或通过邮局送到周围的千家万户。这些小报通常是以图代文,五颜六色,还特别对其中几样大降价的商品用醒目的文字、图画标明,这些商品的价格多半是平时的50%或60%。另外,这张小报上还会印上两三种优惠券,凭此券可免费得到一支牙膏或一块蛋糕等。虽然,这些商品都是些不贵的小商品,但却是人们看得见、摸得着的日用品,因此,较有吸引力。每当周末人们收到这些小报时,一般都会仔细看看,然后再剪下优惠券备用。

有人问该超市值班经理,每周要赠送顾客上万件小商品,商店不会亏本吗?经理笑道,我们的超市货源充足,几乎是应有尽有,顾客来一次绝不会单纯为取礼品,常常会被这里优雅的购物环境、琳琅满目的商品所吸引。因此,他们会多花几十元甚至几百元去购买别的商品,这种买卖才不会亏呢!

案例分析:

这家上海超市的促销活动有以下特点:

1. 对消费者的心理和购物行为把握准确,从而取得以小(商品)搏大(销量)的效果。

2. DM(Direct Mail Advertising,直接邮寄广告)及优惠券投递目标准确,针对性强,不仅降低了促销成本而且大大提高了优惠券兑换率。

3. 折价优待(特卖)促销与优惠券促销相互配合,相得益彰,大大增强了促销活动对消费者的吸引力。

七、实践练习

南国椰子粉在线优惠券促销活动实施方案

常饮椰子汁有以下几大功效:①可降低人体血脂水平,预防高脂血症,从而起到对心血管的保健作用。②先饮椰子汁再饮酒,即使饮量多也不易醉。③有助于消除黄斑,调节内分泌等。而椰子粉除了可以单独冲饮外,也可以作为咖啡伴侣及奶茶、麦片的调味剂,在咖啡、啤酒、葡萄酒、冰水、菠萝汁中加入椰子汁,更具一番独特风味。椰子粉还可用来烹调食物,海南有用椰子煮饭、炖鸡、蒸鸡蛋或做椰汁鱼头汤的传统，不仅椰香诱人，还有一定的滋补作用。用纯椰粉代替椰子用于烹调，方便、快捷而且干净实用。

优惠券的使用范围极为广泛，形式也越来越丰富多样，为了提高优惠券发布的针对性，扩大发布范围，降低发布成本，肯德基、麦当劳等商家早已开始尝试在网络上发放优惠券。发放纸质优惠券的操作比较繁琐，为简化操作提高优惠券的促销能力，让更多消费者享受到优质的服务和优惠的价格，南国公司决定为其珍品椰子粉开展在线优惠券促销。

请你做个活动方案，并考虑以下问题：

1．明确优惠券的促销目的。
2．向哪些消费者赠送优惠券？
3．如何利用优惠券的吸引力帮助南国公司进行网上调查？
4．网络优惠券如何发送？
5．说明在线优惠券的使用方法。
6．采取什么措施可以提高优惠券的兑换率？

实训项目 2

折 价 优 待

一、实训要求

1. 了解折价优待的原理。
2. 掌握实施折价优待促销活动的基本程序和方法,包括它的设计套路、需要考虑的问题、注意的细节等。
3. 了解折价促销的作用、效果与诚信问题。
4. 会分析一个折价优待促销活动的长处和不足。
5. 能根据要求写出折价优待促销活动的实施方案。

二、概念陈述

折价优待—— 购物,商场给回扣

美国沃尔玛超级市场的零售额增长率居全美第一,每一家沃尔玛市场都贴有"天天平价"的大标语。在这里,同品牌的商品确实比别家便宜。为了实现"天天平价",沃尔玛商场在压低进货价格和降低经营成本上狠下功夫。20世纪80年代以来,它的新店不断增加,销售额不断上升。折价促销已经成了沃尔玛经营、促销的一种重要手段。

一支牙膏只需3元左右,只要终端零售价格下降0.5元,销量就上升10%以上。以三口之家3～4周使用一支120克/支的牙膏计算,0.5元平均到

每天只有几分钱。这对绝大部分城市居民来说完全可以忽略不计，然而在实际销售中，消费者的价格敏感却如此明显。原因何在？在低值消费品销售中，消费者"讨便宜"的需求要远远大于"便宜"，也就是说进行一次划算的交易比实际价格的低廉更能打动消费者。如果没有明显的品牌差异，有折价优待的产品会赢得更多的消费者，并相应削弱竞争者。

折价的含义就是调低商品售价，亦称回扣。这是商品在正常销售价格体系之外，以一定期间的交易额，或以货款支付速度为标准，为了促进销售所施行的营业利润分配。在不胜枚举的促销手段中，只有折扣是用金钱直接促销。由于其促销效果直接而强大，因此，折扣活动被广泛应用甚至滥用。如今愈来愈多的商店趋向于开架式销售，更多的消费者是在货架前才作购买决定的，所以折价是销售促进中的重头戏。

三、情景导入

丹尼斯超市年底大回馈

丹尼斯超市坐落于河南省新乡市胜利路北段，比邻新乡市百货大楼、豫北商厦、友谊商厦、怡园地下商城、红旗商场，处于新乡市最繁华的商业区，并有多路公交车从附近通过。

近年来，新乡市的超级市场渐渐多了起来：华联超市、联华超市、思达连锁、万德隆大卖场等，2005年11月在距离丹尼斯超市不足2公里的地段又新开了许昌胖东来新乡市分店，2006年的春节前后对众多商家来说又是一个不平静的"战乱时节"。

丹尼斯超市开业较早，交通便利，商品种类丰富，因而商圈较大，生意红火。春节将至，丹尼斯超市自然不愿错过这一年一度的购物高峰，决定再次开展折价优待活动。

四、实景训练

折价优待促销活动的策划及实施过程如图2-1所示。

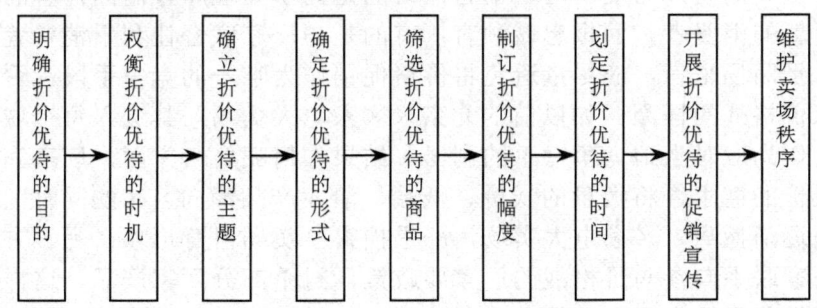

图2-1　折价优待促销活动的策划及实施过程

[第一步] 明确折价优待的目的

⬇ 操作要点

1．对抗价格竞争。
2．增加销售。
3．提高市场占有率。
4．长期来看，可增加获利。

⬇ 操作内容

在本案例中，丹尼斯超市折价优待活动的目的是：
1．刺激消费者的购买欲望。
2．减少库存。
3．加快资金回笼，促进资金周转。
4．在竞争中抑制对手的发展。
5．以低价回报顾客，增加消费者的认同。

⬇ 操作说明

1．活动的目的是活动的灵魂和意义所在，因而它是促销的基础与制订活动准则的依据。企业的每一次促销活动都有其目的：让消费者更快地接受新产品，发布企业调整信息，树立企业形象，扩大市场影响力等。如宝洁公司2001年8月19日～2001年9月21日，碧浪洗衣粉促销的目的是让消费者知道"碧浪降价不降质，全面6.5折"的企业重大的价格调整。

2．折价优待是商家市场营销活动的一部分，因此它应服从商家市场营销活动的目的，而市场营销活动是为商家总体目标——利润最大化服务的。具体的折价优待目的是多种多样的，应根据商家不同的营销策略而有所变化，但不能脱离根本。

3．价格促销的目的有许多种：有的是为了应对竞争对手的活动；有的是为了提高商场知名度，增加销售；有的是为了处理库存商品；有的是为了吸引新的消费者，回报忠诚顾客；有的是与厂家联合让利于消费者。总之，对于商场来言，应尽量避免将价格促销作为唯一的竞争手段，否则将会陷入价格战的怪圈。如以前的北京××家电大卖场，其进入每个城市都以价格作为应对当地竞争对手的利器。结果如何呢？一方面，厂家为了应付其低价的需求，将大量的低价、低端、清库产品涌向××的同时，将高端产品逐渐撤离××家电大卖场，严重损害了卖场自身形象；另一方面，当地商家联手向参与价格战的厂家要政策，封杀部分厂家产品。这样，造成竞相折价，损害了双方的经济利益。

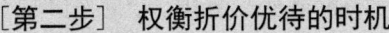

[第二步] 权衡折价优待的时机

▶ 操作要点

1．分析产品、市场因素对折价促销效果的影响。
2．判断消费者、竞争对手、政府及行业协会对折价优待的反应。

▶ 操作内容

在本案例中，丹尼斯超市对年底折价优待时机的分析：

1．丹尼斯超市所经营的商品多为易耗品，大多处于成熟期，且与其他超市经营的商品具有较高的同质性，折价优待应能吸引更多的价格敏感消费者。

2．临近年关，各家各户都有办年货的习俗，折价促销不仅能大大增加销售量，还可以通过让利回报老顾客，争取新顾客。

3．折价商品仅占店内商品品种的很少一部分，不会引起竞争对手的恶性跟进。

4．折价优待已经成为商场常用的促销工具，只要不违法、不妨碍社会秩序，政府及行业协会均不会进行干预。

▶ 操作说明

权衡折价优待的时机即判断折价条件是否成熟，决定在什么时间打折最为合适。权衡折价优待的时机应考虑以下几点。

1．消费者的反应。消费者反应表现为需求的价格弹性和消费者的心理知觉。

（1）依据价格弹性理论，只有对需求价格弹性较大的商品，也就是那些非生活必需品，且替代品种类较多，替代品价格不随之改变的商品，折价销售才行之有效。否则，价格下降而消费者反应平淡，销售量并不会大幅度增长。

（2）消费者的价格知觉受消费者知识经验、个性偏好和信息量的影响，表现为对价格变动的感性认识，包括感知速度的快慢、感知清晰度的强弱、感知准确度的高低、感知内容的充实程度等。这就需要厂商在商品折价销售时，进行宣传和引导，以增强消费者的价格知觉。

（3）价格意识则是消费者对商品价格高低的感觉的强弱程度，表现为价格敏感性。一般地说，价格意识与消费者收入的高低呈负相关关系。若厂商面对的主要细分市场是低收入者，如对价格变动较为敏感的工薪阶层，则折价优待促销的效果会更好。

（4）随着市场上各厂商竞相打折降价，消费者对价格的敏感性正逐渐降低，"适应性预期"使他们感到未来的价格仍会下降，从而使打折促销的效用大打折扣。

（5）价格意识也决定着消费者可以接受的价格变动界限。若价格降幅过大，超过了消费者心理认知的价格下限，反而会弄巧成拙，引起消费者的种种疑虑：商品式样是否已经过时，质量是否存在问题，售后服务会不会很差，打折会不会是虚假的等等。这些心理疑虑，反而会阻碍消费者的购买行为。

2. 厂商折价的促销目标：
（1）为新开发的产品打开销路。
（2）谋求企业的最大利润。
（3）为获取较高的市场占有率。
（4）想尽快脱手过季或积压的产品。
（5）为变现破产企业的库存产品等。

营销目标的不同，决定着折价时机、幅度、持续时间等方面的差异。比如，①以排挤竞争对手、抢占市场为目标，厂商应采取全面、长期、大幅度的折价策略；②以售出不便保存、季节需求反差较大的商品为目标，厂商则必须赶在竞争对手之前，在销售旺季末期降价。

3. 厂商的整体实力和所处市场环境。在市场上占有统治地位、财力雄厚、信誉好的厂商，折价竞争可能很有效。而实力较弱的小企业，在没有强大竞争对手允许和默认的情况下降价，极易遭到报复，最终被击败。

4. 产品的特征。与竞争对手相比，若厂商的产品在质量、品种、款式等方面没有差异，即属于同质产品，则折价竞争会成为主要的竞争手段，价格将降到边际成本附近。若产品差异性大，信誉较高，则厂商可以获得高于边际成本的"信誉租金"，折价销售就不十分必要了。而且，价格的降低将形成"逆向选择"，反而对发挥价格的选择效应和激励效应不利。对于处于衰退期、已过季、质量较差、接近保质期、残次等产品，则应果断地削价处理，以求尽可能减小损失。

5. 价格是否为影响产品销售的主要障碍。造成产品滞销的因素很多，只有因价格高而滞销的，采用折价方式才会有效。对于产品不对路、市场选择不合理、销售渠道不畅、顾客不了解产品、服务跟不上的商品，价格降得再低也没用，或者用处很小。

6. 厂商的生产成本。若单位产品价格已接近边际生产成本，折价只能造成亏损。只有在劳动生产率和经营管理效率提高，单位产品成本降低，产品的个别劳动时间低于社会必要劳动时间，厂商获得了超额利润之后，折价销售才有充分的空间。

7. 折价的"菜单成本"。菜单成本是指厂商在价格调整过程中花费的成本，包括研究确定新价格、重新编印价目表、将新价格传递到销售点、更换价格标签等行为所耗费的成本。只有厂商因调价获得的利润增量大于菜单成本，折价销售才可行。

8. 竞争对手的反应。市场经济中，厂商之间是一种动态的博弈关系。厂商的每一个决策都可能成为竞争对手的决策因子，会引起他们相应的反击。在信息充分、产品同质的市场上，若大多数厂商竞相打折，就会形成"合成谬误"，需求量并不像每个厂商预期的那样增加。因此，厂商必须借助历史经验推测竞争对手可能的价格反应，比如：

（1）竞争对手 B 对厂商 A 的价格变动没有反应。

（2）竞争对手 B 的反应不敏感，相应的价格调整幅度较小。

（3）竞争对手 B 反应十分敏感，并有进行大幅度降价报复的可能。

对于不同反应的竞争对手以及他们可能采取的反击策略，厂商应分别进行分析，以综合确定降价的幅度、时机、持续时间和市场范围。

9. 政府和行业协会的有关规定。为了规范商家的打折行为，保护消费者的利益，同时也为了保护商家的利益，政府和行业协会往往对厂商超过一定限度的折价销售行为进行干预，以求稳定价格体系。如：

（1）1999年国家民航总局出台了《机票价格管理办法》，严格限制了航空公司机票打折的范围。

（2）北京市物价部门规定，从 2001 年第一天起所有降价商品必须提供真凭实据，在标签上写明原价、现价以及降价原因，这一措施的目的是使打折更加明确化。

（3）2001 年 7 月北京市商委颁发了《北京市商业委员会关于停止使用不正当方式开展商业促销活动的通知》，对消除商业经营中的虚假打折（提价后再降价）、博彩和其他不文明的促销活动起到了一定的作用。

另外，《中华人民共和国反不正当竞争法》、《中华人民共和国价格法》等法律规范也构成了对厂商折价销售的约束。厂商若不考虑社会利益和政策法规的限制，而一意孤行，只能是以失败而告终。

通常，直接的折价销售过于明显外露，易引发众多市场主体的反应。因此，厂商不妨考虑在不改变产品价格的情况下，灵活地运用赠送小礼品、有奖销售、分期付款、赊销、增加免费服务项目、改进产品性能、增加产品用途等多种形式变相地折价，有时可以起到同样的效果。

［第三步］ 确立折价优待的主题

🔻 操作要点

1. 易于联想。
2. 简短、易记。

🔻 操作内容

在本案例中，丹尼斯超市的折价优待主题是：年底大回馈，低价又有礼！

操作说明

1. 折价，尤其是特价，要"师出有名"。折价促销是一种艺术，应让消费者觉得合情合理、有理有据，要取信于民，否则消费者容易产生逆反心理——再低也不买。现实中超级市场折价优待的名目、理由通常有季节性降价、重大节日特价酬宾、超级市场庆典活动等。

2. 好的主题易于引发消费者关于促销商品及折价幅度的联想，从而激发目标消费者的购买兴趣。

3. 折价促销的名称宜与促销目的、折价原因、折价商品种类、顾客对象有联想关系，并有助于提升企业形象。

4. 主题宜简短、易记，便于折价促销活动信息在消费者之间口头传播。

5. 常用的折价主题有：迎新春送大礼、春节大拜年、消费者咨询日、春季大拍卖、劳动快乐（劳动节）、关爱母亲（母亲节）、快乐童年（儿童节）、给父亲的关怀（父亲节）、暑假大减价、夏季大酬宾、中秋节大团圆、秋季大拍卖、岁末大减价、圣诞节大拍卖、年终大拍卖等。

[第四步] 确定折价优待的形式

操作要点

1. 直接降价。
2. 间接降价。

操作内容

在本案例中，丹尼斯超市采取的折价优待形式是：

1. 实行商场特卖，在原价基础上直接降价。
2. 同时配合采取"超值好礼满就送"活动：每日单张购物小票满100元，即可到兑奖处领取礼品一份，200元两份，以此类推，多买多送。

操作说明

折价促销的方式千变万化，比较常用的方式有下列几种：

1. 标示牺牲品：拿出几项价格低廉的商品作为号召，吸引消费者前来抢购，并希望能带动其他产品的销售。在做这项活动时，一定要对供应数量有明确规定，如"数量有限，售完为止"、"仅限100名"、"无限量供应"等。

2. 上市特惠价：为庆祝新产品上市，以特价形式鼓励消费者前来购买。

3. 直接降价：基于外在环境的变动或策略上的考虑，企业会采取直接降价的措施。在操作中应注意：降价要有充足、合适的理由向消费者、同行交代，看准时机，尽可能避免行业"降价大战"。

4. 变相降价：不采取直接降价，而是变相地提供给消费者优惠，如"买

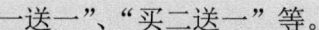

一送一"、"买二送一"等。

  5．限时折扣：在特定的营业时段提供折价优待商品，以刺激消费者购买。如限定下午4～8时某种生鲜食品5折优惠，或上午10～11时日用杂品7折优惠等。

  6．统一价：采用取长补短的方式，定出一个比所有商品零售价格都要低的价格，统一销售。如全场牛仔裤无论200元一件，还是150元一件的，全部只售100元。在价格上不给消费者以任何选择余地，但在款式档次上充分给予消费者选择空间。

  7．折价商品的联结式包装运用：把几个商品包在一起做特价促销，可以将减价金额标示在上面。这种方式在香皂、口香糖、糖果一类商品上采用得最普遍。

  8．折价商品的桶式包装运用：即将若干种联合实行特价优待的商品放入一个容器中，以统一的特卖价格进行销售。如拼装一整桶商品，售价30元，陈列于出入口、端头或其他显眼的地方。这种方式能使顾客产生便宜感，从而促进销售。

  9．捆绑式：如食用油买5升赠250毫升的促销活动。

  10．加量不加价式：如可口可乐的1.5升新年装，在1.25升的基础上增加250毫升变成1.5升而价格不变。

  [第五步] 筛选折价优待的商品

  ▶ 操作要点

1．品牌成熟度高的产品。
2．消耗量大、购买频率高的产品。
3．季节性很强的产品。
4．接近保质期的产品。
5．技术、包装或产品形态已属于弱势的产品。

  ▶ 操作内容

在本案例中，丹尼斯超市选出了以下五类商品作为特价品：

1．肋排、水果礼品箱、黄瓜、带皮腿肉、肥肉馅、酱香牛肉。
2．开心果、优质长粒香大米、铁棍山药礼品箱、味思花生、黑湿瓜子、生美葵花子。
3．统一鲜橙多（2升）、百事可乐（2.25升）、百事可乐（335毫升×24）、50度八年种子金酒、50度古井年年顺酒、45度仰韶情酒、古井四连冠礼盒酒2瓶装、1 000毫升新天爽口红葡萄酒。
4．福佳5寸碗、中南纸杯、铲勺五件套、宏晨插座五位四米线、威王电火锅、威王电饭锅、富士龙煎炸锅、多款灶具。
5．冰种子女毛衣、宜而爽天然彩棉男女内衣套、元首男女大豆暖棉内衣套。

📖 **操作说明**

1. 范围策略，即确定哪些商品打折，在此要明确为什么要对这些商品打折，考察是否符合打折的目的。以零售店为例，将其中主要产品降价通常可以带动其他产品的销售，有时是换季商品或过时商品。不同商品其降价幅度是不一样的，一个市场占有率低的产品要比其他产品付出更高的减价优惠才能取得销售额的增长。通常，减价越多，销路越快，效果越好，越能吸引初次购买者。促销活动应配合主题及来店主要消费者遴选合适的促销商品，譬如春节促销活动以礼盒、年货等商品为主；而中秋节促销活动则以月饼、水果食品为主。

2. 由于特卖商品的作用主要是吸引客流量而并非盈利，因此在选择特卖商品时，需要选择那些能够吸引大众的商品，而不是吸引特定消费群体。譬如日用生活品，如果盘、炒锅、暖瓶、卫生纸、洗衣粉等等都可以作为特卖商品来促销。

3. 特卖商品的供应量应该充足，以产生足够的客流量吸引力。

[第六步] 制订折价优待的幅度

➥ **操作要点**

1. 制订一个合理的折价优待的幅度，折价优待的金额应占售价的 10%～20%。
2. 不同商品可以有不同的折价比例。

📓 **操作内容**

本案例中，丹尼斯特卖商品的折价比例如表 2-1 所示。

表 2-1　丹尼斯超市特卖商品的折价表

品　名	单　位	现价/元	原价/元
肋排		惊爆价	
水果礼品箱		惊爆价	
黄瓜		惊爆价	
带皮腿肉		惊爆价	
肥肉馅	500 克	2.58	3.38
酱香牛肉	500 克	12.50	13.60
开心果	500 克	27.60	29.80
优质长粒香大米	500 克	1.23	1.42
铁棍山药礼品箱	箱	58.00	68.00
味思花生	500 克	2.55	2.85

(续)

品　名	单　位	现价/元	原价/元
黑湿瓜子	500 克	3.78	4.56
生美葵花子	500 克	4.18	4.88
统一鲜橙多（2 升）	组	13.80	14.90
百事可乐（2.25 升）	瓶	5.40	6.20
百事可乐（335 毫升×24 整箱）	箱	36.90	43.20
50 度八年种子金酒	瓶	13.50	25.50
50 度古井年年顺酒	瓶	13.80	32.00
45 度仰韶情酒	箱	45.80	132.00
古井四连冠礼盒酒 2 瓶装	盒	19.90	26.80
1 000 毫升新天爽口红葡萄酒	瓶	9.80	12.80
福佳 5 寸碗	个	1.20	2.50
中南纸杯	包	6.90	10.90
铲勺五件套	套	19.00	32.00
宏晨插座五位四米线	个	9.90	19.90
威王电火锅	台	79.00	99.00
威王电饭锅	台	69.00	99.00
富士龙煎炸锅	口	24.90	29.00
多款灶具	台	89.00	169.00
冰种子女毛衣	件	39.00	59.00
宜而爽天然彩棉男女内衣套	套	65.00	118.00
元首男、女大豆暖棉内衣套	套	88.00	298.00

操作说明

1. 让利的幅度，要既能吸引顾客，又不丧失利润。降价幅度直接关系到对顾客的刺激和影响程度，通常小数量、大降价的效果比大数量、小降价的效果好，而当减价只有 6%～7%时，几乎不会有什么效果出现，它只会吸引某些老顾客的注意。因此降价幅度通常以 10%～50%为宜。西方专家经过分析证明：对一般商品来讲，折价 20%以上才会有效果。但商品八折优惠需要两个条件：①毛利率在 25%左右，同时厂商能负担一半左右的折价；②毛利率在 35%左右，全部由商店自己负担。只有具备这样的实力，打折幅度才能既对消费者有一定的吸引力，又能使企业有一定的盈利。

2. 特卖商品的降价幅度要在商品标签上作特价表示，还要用锯齿形、旗帜形 POP 广告（Point of Purchase，购买现场广告，又称售点广告）在卖场作显著说明。

[第七步] 划定折价优待的时间

➡ 操作要点

折价期间，即折价活动持续的时间长短，应根据市场景气情形、同业动向、顾客忙闲等因素决定，并不是持续的时间越长越好。

📚 操作内容

1. 本案例中，丹尼斯超市的"年底大回馈"活动时间为 2006 年 1 月 22 日～2006 年 1 月 25 日。

2. 1 月 22 日是农历腊月二十三，即小年，标志着年底购物高潮即将到来。

3. 本次特卖商品仅 30 余种，折价时间太长反而导致卖场吸引力下降，不如留出时间开展新一轮折价优待活动，因而本次折价期间定为四天。

📋 操作说明

1. 活动的时间控制在一周以内为宜。要考虑消费者正常的购买周期，若时间太长，价格可能难以恢复到原位，并招致竞争对手的反击。

2. 折价频率，即一年内打折发生的次数，与折价期间成反比关系。举办折价优待促销要慎重，不宜经常举办。频繁折价必然有损企业形象及产品销售量。随着折价次数的增加，对顾客的吸引力会逐渐变小。为增大诱惑力，就需要不断加大打折幅度，并经常采取降价策略，结果企业或是亏本赚吆喝或是搞假折价，顾客或是产生"商品贵"的印象或是将该行为与处理劣质品联想在一起，最终折掉的是产品形象。即使低价能买到市场占有率，但买不到顾客的忠诚，因为他们可以随时转向另一个价格更低的商家。

[第八步] 开展折价优待的促销宣传

➡ 操作要点

1. 针对目标消费者作折价促销广告。
2. 在商场内张贴海报，产品标签明显注明降价的幅度。
3. 在产品外包装上注明打折出售，或买几送一等。
4. 每次折价优惠时都应清楚地告诉消费者该产品的品牌名称、平时售价、优惠价等。

📚 操作内容

本案例中，丹尼斯超市采用的折价宣传手段有：
1. 制作店内 POP 和特价标签。
2. 印制特卖快报。将折价商品的图片、原价、现价、特卖日期、活动解释权归属等信息印成彩页，并配以简单的解释和说明：

惊爆价——菜价、肉价是每天在变动的,为了让您在丹尼斯买到超低价商品,我们的采购人员每天进行全市范围内同类产品的价格比较并及时调整价格。超低惊爆价让您以超低的价格节省更多的钱!

去丹尼斯办年货——质量有保证!

去丹尼斯办年货——价格最便宜!

去丹尼斯办年货——服务也很好!

3. 本期特卖快报的发送选用两种途径:

(1)向丹尼斯超市会员邮寄。

(2)在店内存包处向顾客递送。

操作说明

1. 折价优待是一种常见的促销策略,但如果没有广告的配合,向消费者传达更多的信息,就难以发挥促销的威力。广告语应该真实、简明、新颖。如"某某商场大酬宾,商品打折,真情不打折"等。大规模的折价促销活动商场一般都会通过媒介来宣传。如在商场户外悬挂大型布幅,同时也可运用报纸、电视、广播、地铁、公共汽车等工具进行宣传。

2. 在百货公司、商场超市、餐厅、快餐店、流行服饰店、鞋店等场所,经常可以见到 POP 广告。POP 广告的任务主要在于简明扼要地介绍商品的特性,诸如告知商品的陈列地点、新商品、推荐商品、特价商品等。同时,POP 广告还可以活跃全店的销售气氛。减价优惠一般需要 POP 广告的强力配合,如"原价 100 元,现价 50 元,您省 50 元(或您节省 50%)",再在原价格上打上醒目的叉,以此来吸引消费者。或是在产品包装上标明零售价,再用 POP 标签写上减免后价格,如"仅售 25 元"等。

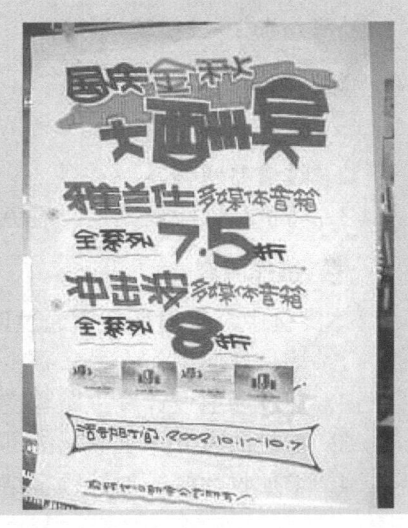

3. 设计特价品包装上的标识时，最重要的是必须让购物者一看就知道减价的幅度，"一看即知"是商品特价标识的最基本要求。

4. 价格标签上的特价标识，即在特卖商品的正式标签上用锯形设计、旗形设计或其他创意，将特价优待显著地告知消费者。

5. DM 是使用一种或多种接触手段，向特定的目标人群传递特定的商业信息，达到可精确衡量结果的营销方法。比如超市在卖场中选取 200~300 种商品（主要是顾客敏感的商品），以超低的价格出售，并将印刷精美的商品手册派送给潜在顾客，以吸引顾客前来购买，同时带动其他商品的销售。DM 中的商品通常每 15 天换一次，商品价格在本期 DM 结束后要马上恢复至原价。超级市场在进行 DM 发送时，应注意有针对性地向目标顾客寄送广告，从而提高广告效果。

6. DM 并不局限于邮件这一种途径，重点是必须为特定的人群制订，其关键在于结果的精确衡量，也就是说，它是一种更具个性化的营销手段。

江苏好买得超市以会员为对象，以月为单位展开 DM 商品宣传，并把每一期的 DM 商品录入电脑，在每次活动结束后，从电脑中跟踪分析 DM 商品的销售/毛利同比、销售/毛利份额比，会员购买比例、折价比例与销售上升的比例等指标，以此来分析顾客的潜在需求、顾客对价格的敏感度，检查 DM 商品的组合策略、定价策略，进而为调整 DM 商品组合、促销价格的制订提供决策依据。

超市对 DM 商品的制订、调整与销售，已带来了回报：公司会员消费比例由原来的 15%上升至 50%；DM 商品的销售占总销售的份额由原来的 4%上升至后来的 9%左右；会员价商品的比重由原来的 12%增加到 72%；总销售额也日攀新高。

[第九步] 维护卖场秩序

➔ 操作要点

1. 净化卖场环境。
2. 过道要通畅。
3. 特价品供应要充足，避免发生失去控制的抢购现象。

➔ 操作内容

本案例中，丹尼斯超市通过以下办法营造良好的卖场环境：
1. 增加商场工作人员，减少顾客排队选货的等待时间。
2. 通过通道设计减少顾客逆流，保持通道畅通。
3. 特价品应分布于商场的不同位置，且便于顾客寻找。
4. 增加收款台，加快顾客结账速度。

📋 **操作说明**

1. 维护卖场秩序是折价优待活动取得成功的重要保证，各环节要有专人负责，遇到问题及时处理。

2. 特卖商品的陈列位置应该突出醒目。外资超市尤为重视特卖商品的陈列，他们将最吸引人的特价品放置在商场入口特设的陈列架上，其余的商品则分别陈列在店内各处，力求使消费者走完商场一周，才能全部看完商场推出的特价品，这样无形中延长了消费者的逗留时间，促使消费者在寻找特价商品时顺便购买其他的非特价商品。

3. 西方一位百货公司的经理曾言道："准备一次大减价，就像准备一次战役。"因此要保障一个折价促销活动的顺利实施，就要建立一个完善而强有力的组织机构或协调小组。该机构的主要任务是完成前期的市场调研，找出合适的主题，制订具体的活动方案，理顺相关渠道，加强对有关人员的培训，同时要保障促销产品及相关活动资源在促销期间能得以充分供应，在活动期间，该机构还要对活动进行监控、考核与评估，解决突发问题并进行有关信息的汇总反馈等。

五、相关知识

折价促销的作用与效果

1. 折价促销，特别是直接折价，最易引起消费者的注意，能有效促使消费者购物，特别是对于日用消费品来说，价格是消费者较为敏感的购买因素。通过直接的商品折价还能塑造"消费者以最低的花费就可买到较高价值产品"的印象，能够淡化竞争对手的广告及促销力度。

2. 大多数折价促销在销售点都能强烈地吸引消费者注意，并能促进其购买的欲望。而且折价往往使消费者增加购买量，或使原本不打算购买的消费者趁打折之际购买商品。有时为了抵制竞争对手即将入市的新产品，及时采用折价的方式引起消费者的兴趣，使他们增加购买量。这样，在增加促销商品销量的同时，还对竞争者的产品造成打击。

3. 折价促销能够吸引已试用过商品的消费者再次购买，以培养和留住既有的消费群体。假如消费者通过样品赠送、优惠券等形式试用或接受了本产品，或原本就是老顾客，此时，产品的折价可以看作给他们的馈赠，市场反应会比较好。

4. 折价的促销效果是比较明显的，因此常被作为企业应对市场突发状况，或是应急解救企业营销困境的手段，如：处理到期的产品，或为了减少库存、加速资金回笼等。为了能完成营销目标，营销人员也常会借助于折价促销作最后的冲刺，不过，这样做只能在短期内增加产品销量，提高市场占有率。

5．打折，作为企业的促销手段之一，它通过在短时期内降低产品的价格，吸引更多的消费者产生购买行为，从而实现销量在短期内的增加。因此，打折的主要功能就是可以在短期内使更多的消费者接触到商品，并产生购买行为。

6．打折作为一种促销手段是有效的，因为消费者都希望以尽可能低的价格买到尽可能好的商品。另外，该方法确实有助于实现企业提高销售额的目标，但如果运作不规范，折价促销会出现一些负面影响。

价格促销的诚信问题

商家在折价促销中确实让消费者得到了一些实惠，但是有些商家喜欢在价格问题上做文章、打小算盘：

1．有的商家在标明降价原因时哗众取宠，高喊"出血价"、"跳楼价"等被明令禁止的夸张用语。

2．有的商家在原价上做手脚，任意拔高原价，即使全场大打折，商家仍有暴利可图。

3．不少商家拒不使用降价专用标签和价目表，即使使用了，也远未达到价签价目完全、标价内容真实、字迹清楚、标志醒目的要求。

4．还有的商家对降价商品不实行"三包"，侵害消费者权益。

北京市海淀工商分局经济检查科在一次执法检查时发现，某商场正门及其他醒目位置都贴有"找到更便宜，退回两倍差价"的标语，但均无相应说明。执法人员最终在存包处的拐角发现了实施细则，其中有很多对退款的限制性条件。检查后，海淀工商分局有关人士表示，这家商场的行为涉嫌虚假宣传和误导消费者，工商部门要予以严厉查处，最终，这家商场为他们的行为付出了5万元的代价。

价格促销决不能弄虚作假。促销的目的是为了促进销售，增强市场竞争力，塑造商家形象，加快资金回笼，加速资金周转。其实质应该是以诚心让利于消费者。在供大于求的市场经济中，谁愚弄消费者，谁最终会受到市场的惩罚。

六、典型案例分析

打折，让我欢喜让我忧

在北京，一万平方米以上的大型商场有几十家，自从进入2001年以来，这些商场之间就举起了打折大战的大旗，"你方唱罢我登场"。打折的结果确实有令商场高兴的一面：2001年11月中旬，翠微商厦借店庆之际狂打折，两天内销售额达到 5 000 万，创京城之最；而 12 月中旬，赛特、西单等商场的打折，也获得了较好的销售额。据统计，在打折期间，一般商场的日销售额可达到 600 万元以上，而不打折的时候，日销售额最好时仅能达到 300 万元。但销售额的提高并没有让商场感到太多的高兴，因为商家已经意识到他们已经进入到了一个打折的恶性循环之中：频繁的打折活动使得商家不得不动用打折这一武器，如果你不打折，你的市场份额将会受到严重的影响；而打折又使得商家的实力在不断地削弱，因为随着打折竞争的不断深入，打折的某些特性也就得到了不断的深化，如：打折持续期间长、打折的频率高、打折商品范围广、打折折扣幅度大，其中最值得一提的是很多打折商品都是应季商品。这些特性使得商场虽可以通过打折来提高销售额，但打折期间的利润率却在不断下降，没有利润率支撑的商场，其实力必然会削弱。

兰州华联商场将大力度的促销作为经营的手段之一，广泛地促销活动是其提升业绩、争取顾客、积极参与同业竞争的有效手段。华联商场特别注意在"元旦"、"春节"、"五•一"、"国庆"等节假日期间做足、做好促销文章。2001 年国庆期间，兰州华联商场进行了一次大规模的折价促销活动，取得了较好的效果，10 月 1 日当天，红星店销售额为 318 万元，西宁店销售额为 211 万元，西固店销售额为 113 万元，三店均创造了各自开业以来的销售新纪录。兰州华联商场靠低价实现了集客目标，靠巨大的销量从厂家获得可观的返利，同时通过足够低的毛利将一部分找厂家进货的批发客户吸引过来，从而带来更大的销量，形成良性循环，做出了超市低价的概念。

案例分析：

上述案例给我们以下启示：

1. 案例中几家商场之间的打折行为，实质上是商场之间的一种变形的价格竞争，是我国商场在未成熟之前进行竞争的一种表现形式，它同作为促销手段的打折在本质上存在着差别，是一种"不成熟打折"。这种"不成熟打折"带来的危害主要表现为：虚假打折折了信誉、频繁打折折了形象、盲目打折折了特色、竞相打折折了效益。

2. 促销活动不仅仅包括卖场内部的促销，还包括企业采购渠道和市场开发。要求促销活动不仅仅要把商品推销出去，还要进行商圈调查、顾客分析、组织协调等一系列的工作。在形式上，兰州华联商场采取广告促销、人员促销和公共传播促销相结合的方式。兰州华联商场促销活动上的成功，说明商业零售业发展到今天，促销活动已成为企业经营活动中必不可少的一部分，没有促销活动的商业企业是不可能长久生存发展下去的，而没有好的促销活动的商业企业是难以谋取长足发展的。

七、实践练习

大润发的折价优待促销活动实施方案

海南省海口市大润发超市面积超过 15 000 多平方米,更有超过 15 000 平方米的大型停车场,以经营日常生活需要的商品为主。但有家乐福、友谊广场两家大型超市与其几乎同期开张,更面临万福隆、东方广场、大同货舱等超市的客户资源竞争,海口零售商圈已经进入白热化的竞争阶段。尤其是在春节期间,各家超市都在大显神通。大润发超市如何凭借其场地硬件基础设施建设、交通、服务等有利条件,迅速聚集客源,增加每天的货物吞吐量?为此,大润发超市准备在元宵节举行一次特卖活动,设定特卖商品以较低价格吸引众多消费者,并印制特价商品的彩页,给顾客提供详细的商品信息与价格、特卖的持续日期、商品质量的简介、具体出售的区域等,使顾客对各类情况一目了然,方便参与选择。

请为大润发超市的折价优待促销活动做个实施方案,并重点突出以下方面:
1. 明确折价优待的目的。
2. 权衡折价优待的时机。
3. 确立折价优待的主题。
4. 确定折价优待的形式。
5. 筛选折价优待的商品。
6. 制订折价优待的幅度。
7. 划定折价优待的时间。
8. 开展折价优待的促销宣传。

实训项目 3

退 费 优 待

一、实训要求

1．了解退费优待促销活动的内容、特点和适用范围。
2．掌握实施退费优待促销的基本方法，包括它的设计套路、需要考虑的问题、注意的细节等。
3．了解退费优待促销活动的主要类型、方法和优缺点。
4．可以对退费优待促销活动实例进行优缺点分析。
5．能根据一个实际情景写出退费优待促销活动的实施方案。

二、概念陈述

退费优待——购物后迟到的礼物

退费优待起源于20世纪70年代美国能源危机时期。这一时期美国汽车的销量直线下降，克莱斯勒汽车制造商为了挽救颓势，首先采用了退费促销：当顾客买车时，车价维持不变；但交易达成之后，消费者会得到一张即期的现金支票。这个非常简单的办法挽救了克莱斯勒汽车的销售危机。此后，其他汽车制造商竞相仿效，成为美国汽车业惯用的一种促销工具。20世纪80年代，美国最热门的促销方式之一即为退费优待，当时正好通货膨胀，几乎所有的消费者都在寻求使有限的货币满足更多需求的消费方式，退费优待自然颇受欢迎。

退费优待，通常指厂商在消费者购买商品以后会给予一定金额的返利，该项返利一般为商品售价的一定比例，也可以是全额退还。"退费优待"的基本形态属于"折价"促销的范围，但在表现手法上比"折价"高出一筹，它们之间的本质区别在于"折价优待"是在消费者购买前即给予价格优惠，其作用很明显是为了刺激消费者购买。而"退费优待"是在消费者购买后才给的返利，不易使人联想到降价，会认为是厂商对顾客的一种馈赠。所以"退费优待"虽然本质上是价格折让，但比较而言，不会贬损商品形象和降低商品的档次。

退费优待适用于各行各业，不论是食品、医药、健康及美容、化妆品，还是机械五金、家电用品、汽车等行业，甚至服务业也广泛采用，乐此不疲，尤其当商品处于旗鼓相当的激烈竞争形势下，运用此种方式促销，更见成效。市场上许多实例证明，当某类商品各品牌间的差异性很小时，应用退费优待会促使消费者选择知名度较低，接受度较差的品牌。

三、情景导入

百友、旭日升联袂主演夏日激情

在南昌买一罐不到 2 元的旭日升冰茶，就可以在百友集团购海尔、长虹、康佳、海信、西门子、小天鹅、容声、伊莱克斯等任一品牌的家电时节省 10 元钱；买珠宝、玉器时可以节省 20 元；买梦洁、冬冬宝、富丽真金、雅芳婷等床上用品时可以节省 15 元；买玉兰油、海飞丝、舒蕾、雅芳、小护士等时可以节省 5 元钱；买三枪、宜而爽、豪门、AB 内衣、皮尔卡丹、爱慕、曼妮芬、黛安芬、春竹等品牌时可以节省 5 元……面对如此诱人的消息，一时间人们的购物热情如同夏日的气温一样火热。这不是商家突发奇想，而是百友集团与旭日升集团联合推出的促销活动。

南昌百友集团是全国商业 50 强之一，其主体百货大楼地段好、客流量大、信誉高，旭日升与之合作，不仅能提升自身的品牌形象，还能节省广告费用。夏季正好是商场的销售淡季，为了促进销售，做到淡季不淡，同时为了促进旭日升冰茶在江西的销售，旭日升集团和百友集团联合推出了这次"夏日风暴"。

旭日升集团在了解商品的打折、开票及收银程序，并取得百货大楼货品可打折扣的第一手资料后，制订了详细的联合促销方案。

四、实景训练

退费优待活动的策划及实施过程如图 3-1 所示。

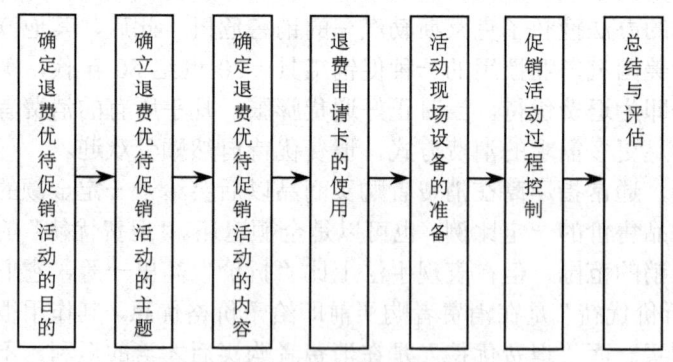

图 3-1　退费优待活动的策划及实施过程

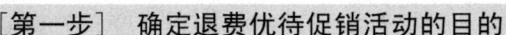

[第一步] 确定退费优待促销活动的目的

▶ 操作要点

1. 回馈顾客，强化旭日升的品牌认知度，提升百友集团的美誉度，提高两家企业的形象。
2. 刺激消费者连续购买，提升销量和销售额。
3. 提高市场占有率，以挤压竞争品牌的市场空间。

▶ 操作内容

1. 百友集团是一家诚信度高、规模大的大型商业集团，在南昌的消费者心中是一家值得信赖的商业机构。所以与百友集团进行联合促销，利用南昌人心目中的老字号"百友"的威望，可以提高旭日升产品的知名度，进而提升旭日升的企业形象。

2. 夏季的销售市场主要体现为销售不旺，家电、洗化、服装等系列商品销售额不高；旭日升是一家相对知名的饮料企业，在市场上有了一定的知名度，为了进一步提高商品的影响力，加大消费者对于品牌的认知度和美誉度，在控制成本的前提条件下进行了这次退费优待的促销活动。

3. 对于市场上其他品牌的销售而言，由于旭日升提早进行产品的卖点传播，把冰茶和消夏晚会有机结合起来，利用多种形式的消夏演出突出冰茶的卖点，从而实现了产品定位和宣传相结合、市场定位与产品销售相统一的目的。

▶ 操作说明

1. 在本案例中，其他的促销形式，如折价优待、集点优待也适用，但是退费优待吸引消费者的效果最佳。当消费者知道试用商品没有任何风险，而且又享有购买后的退费优待时，他们是乐于进行尝试的。以营销人员的观点来看，此促销技巧之所以能如此有效，与消费者的购买行为密切关联，也就是说，只要消费者花钱买东西，退费优待自然就付诸实施，所以消费者没有后顾之忧。这是一种"保证式"的商品试用方式，与运用媒体广告来"引诱试用"的方式有所不同。

2. 退费是在消费者购买旭日升产品之后才给予的，完全不涉及饮料价格的改变，感觉上是旭日升对顾客的一种馈赠，这样的退费虽然本质上等同于降价，但不会贬损商品形象和降低商品的档次，给消费者的印象比直接降价好。

3. 退费优待对于旭日升的一些新顾客来说，可以起到非常大的作用，顾客在购买商品之后还能获取一些额外的优待，自然是一次意外的惊喜，有可能会因此增加购买量或者增加购买批次，这样，产品的销售量就会在顾客购买量和购买批次增加的基础上而增加。

4. 旭日升联合了当地消费者信赖的"百友集团"进行促销，利用商家的知名度和美誉度,让消费者爱屋及乌,从而提升旭日升产品的知名度和美誉度。

[第二步] 确立退费优待促销活动的主题

▶ 操作要点

1. 反映退费优待的特点——折价并非降价。
2. 主题广告语——简短、通俗顺口,容易明白与记忆。

▶ 操作内容

旭日升此次退费优待活动的主题是:"百大购物帮你省"。确定这样的主题,看起来好像没有以旭日升产品为核心,但实际上旭日升的产品销售是整个活动的前提,只不过利用了人们购物图省钱的普遍心理而已。

广告语的确定,关键是"省"。夏季里各大商场均会推出各种各样的让利活动,但都不外乎是打折。为了与打折区别开来,主办方将活动定义为"省钱",广告词为:"百大购物帮你省"(百大——百友集团百货大楼)。

▶ 操作说明

1. 退费优待实质是折价,但是却拥有一个好名声,所以比直接降价更能让消费者信赖。在本案例中"省钱",是师出有名的,它是借助了商家的促销时机,帮消费者省钱。
2. 主题所传达的信息要清楚明白,这样,真正有兴趣的人自然会来参与。百友的信誉加上"省钱"的口号,消费者何乐而不为呢?

[第三步] 确定退费优待促销活动的内容

▶ 操作要点

1. 市场调查。
2. 广告媒介的选用。
3. 促销时机的选择。
4. 确定促销活动的持续时间。

▶ 操作内容

1. 促销形式的选择。本次活动没有选择退费优待常用的退费凭证的形式进行,而是采用了一种省钱券的形式代替了退费凭证,效果较好。凡购旭日升冰茶一罐,均可以获得省钱券1张,凭省钱券可在百货大楼各商场购物省钱。本次活动共提供了10万张省钱券在全市发放。由于退费并非降价,重点体现的是"省",所以不仅没有降低冰茶的档次,反而使冰茶让消费者在炎热的夏天进行购物带来丝丝的凉意。通过帮助消费者省钱的形式,刺激了消费者的购物欲望,同时也提升了旭日升的销量,达到了一箭双雕的效果。

2．确定促销适用的商品。不同的商品,促销效果的大小是不一样的。旭日升与百友集团选择了家电、洗化、珠宝、内衣、床上用品等相对利润较大的商品进行联合促销。经验证明,对于销售缓慢、产品差异化小、易冲动性购买的商品,退费促销最见成效。反之,高度个性化的商品、经久耐用的商品,除非退费额度较大,否则效果不佳。另外,在很少举办促销活动的产品领域,或间歇性举办促销活动的产品领域,退费促销效果较好。反之,在频繁举办促销活动的产品领域,退费促销效果不佳。

3．促销活动组合。在各售点散发"百大购物帮你省"宣传单,并且选择了江西有线电视台、南昌有线电视、江南都市报等作为广告宣传媒体,此外还在南昌百货大楼内布置了吊牌,海报和立地POP。同时在活动现场进行10场消夏晚会。此次活动牵涉到商场内的几十万种商品,如何"省"是焦点问题。虽然在每张省钱券上都说得很清楚,但为了引起消费者的注意,把内容简单化,主办方在此次促销活动中注入了人性化的因素,精心编排了10场文艺演出,将活动内容、参与方法编成一个个小节目,形象地介绍给消费者,大大激发了消费者的好奇心和参与意识。舞台背景为"百大购物帮你省"的巨型喷绘宣传画,左侧为产品展示架,可以现场购买产品并且获得省钱券;右侧为咨询台,现场分发宣传单、回答消费者的问题。

4．促销时机的选择。联合促销选在商品销售的淡季,而且在旭日升品牌有了一定知名度的情况下进行,所以效果较为理想。

5．确定促销持续的时间。联合促销的时间为整个夏季,即5月20日～8月20日,即3个月的时间。

操作说明

1．退费优待在形式上较折价优待促销具备一定的优势,所以此特点一定要让目标受众知晓。通常的办法就是使用广告媒介进行宣传推广。旭日升与百友集团的联合促销除了利用传统的宣传方式外,还利用了当地人们消夏的习惯,举行消夏晚会吸引了不少消费者的注意力,也实现了消费者的忠诚度的提高。

2．一般来说,退费优待促销活动的时间太短,顾客难以积累到规定数量的购物凭证,就会干脆不参加。活动时间太长,没有购物的紧迫感,企业就难以收到明显的促销效果,所以活动的时间过短或过长都不行。另外,活动时间的长短还要考虑到广告媒体传播信息速度的快慢。

根据美国"厂商营销服务公司"的观点,退费促销活动的最佳有效期限,使用大众传播媒介告诉消费者应为3个月,通过商店的售点广告告诉消费者应为6个月,在促销商品的包装物上印刷广告告诉消费者,则需要1年。

旭日升与百友集团的活动时间确定为1个夏季即3个月,主要是考虑到产品销售的旺季和消费者生活习惯而确定的。旭日升虽然利用了售点的有利的宣传形式，但是消费者的消费习惯显示，过长的活动时间必然会削弱消费者的购物信心，从另外一个角度而言，百友也不希望活动时间过长，这样不仅会影响到自身销售的利润，同时也会降低消费者的信心。

[第四步] 退费申请卡的使用

操作要点

1. 购物证明物——如包装袋、瓶盖、商品标签、拉环、商品包装物上的某一部分等。
2. 售货发票或现金收据的复印件或原件。
3. 退费申请卡。

操作内容

1. 在百大超市和任意柜台购买旭日升产品凭借购物小票，即可在指定的旭日升销售柜台处换领退费卡。
2. 在市内其他超市或者卖场购买旭日升产品，须凭10个瓶盖或者拉环，才可以到旭日升指定柜台处换领退费卡。
3. 填写退费卡，并交由促销人员进行审核，兑换相应的省钱券。

操作说明

退费申请登记卡的设计主要是内容与格式，总的原则是简明扼要、清晰易懂，便于顾客填写和寄出。特别要注意不能过于繁琐，以免顾客产生厌倦。

退费申请卡上，通常有以下内容：

1. 顾客的姓名、地址、邮政编码、电话号码等个人资料。
2. 说明对什么商品实行退费销售，要求提交的购物凭证和数量，退费的金额或提供其他形式的退费。
3. 厂家或商家的通信地址，使顾客知道把购物凭证、退费申请卡寄往何处。
4. 开展退费促销活动的起止日期。
5. 顾客参加这一活动的限制条件。如顾客不准出售、复制、转手交换退费凭证；顾客只准以家庭为单位参加退费促销活动；不准多个家庭联合起来积累购物凭证以索取退费等。

[第五步] 活动现场设备的准备

操作要点及说明

1. 印制用于退费优待的退费凭证。
2. 准备好用于产品促销宣传的设备。
3. 准备好供消费者体验产品或服务用的设备。

4．准备好用于沟通咨询的设备。

操作内容

本案例中，旭日升退费优待活动中所用的设备及作用。

1．电影放映机一台：用于活动期间的消夏晚会放映电影和小品。

2．喜剧电影和喜剧小品电影拷贝若干套（主要为时下流行的一些影片和富有喜剧色彩的一些电影）。

3．样品及活动展台2套：用于展示旭日升冰茶产品。

4．平面广告和霓虹灯若干个：用于百大商场门前及楼体广告的布置。

5．桁架＋喷绘背景板若干个：展示"百大购物帮你省"的活动主题。

6．考虑到在百大商场之外购买10个旭日升产品才能换领一张省钱券，所以共印制10万张省钱券。

7．退费优待促销活动的说明书：用于解释本次活动的详细规则和使用省钱券的地点和专柜，同时列出购买不同的商品可以抵扣的金钱数额等。

[第六步]　促销活动过程控制

操作要点

1．工作计划。

2．人员分工。

3．活动流程梳理。

4．检查现场环境。

操作内容

1．活动开始前，需作好以下准备：

（1）各种人员、各项物料准备工作有完成时间表。

（2）每一个执行人员都有明确的岗位职责、培训手册，有专项检核督办、奖罚规定。

（3）各岗位、各工作环节之间，建立必要、简洁的管理表单。

2．促销第一天，促销活动主管和促销人员要提早到场，再次确认准备工作是否到位，整理广告宣传品、产品陈列及标价。当天活动促销主管要全程跟进，随时了解准备不足和方案欠妥之处并加以调整改善，并对促销人员进行现场辅导。

3．促销期越长，越容易出现断货现象，必须规定销售人员高频回访，检核库存，以确保促销期间不断货。

4．促销人员应明确促销目的、了解促销政策、掌握推销技巧。促销目的不仅是销售产品，还包括对直接或间接参与活动的消费者进行品牌形象宣传，与店方互动交流加深客情，以及收集本品和竞品的售卖、使用等反馈信息。

5. 管理：

（1）礼仪、服装、工作纪律、检核方式、需填表单、薪资及奖罚制度。

（2）促销活动主管要不定期巡场，对现场工作人员是否按岗位职责积极认真工作做出检核打分，并通知当事人。

（3）促销活动主管要每周召开促销工作人员周会，统计销量、评估业绩、宣读检核结果、了解存在问题，及时互动、寻求改进。

6. 告知顾客是促销成功的关键：

（1）消费者路过店门外就可以看到醒目的促销信息。

（2）店内货架上有促销告知信息。

（3）堆头、促销区的广告宣传品尽可能简洁醒目地传达促销内容。

（4）在超市内非本产品销售区域，设立告知促销信息的设施并指明本促销产品的销售位置。

（5）收款台、出入口是重点告知区域。

操作说明

1. 在促销活动开始前，作好准备工作，可以避免因某项工作出现疏漏而影响整体进程。促销活动期越长，越容易在促销过程中出现某一环节的失控，如：

（1）活动期间某一天断货、断礼品、礼品丢失。

（2）促销人员迟到、窜岗。

（3）新补充的促销人员未经培训和事前沟通。

（4）促销人员对促销政策不清楚。

（5）忘了带广告宣传品、广告宣传品布置混乱、理货无人具体负责。

（6）促销期出现意外事件却不知谁是具体负责人，处理或联系不到该负责人⋯⋯

以上种种现象，不仅会影响促销效果，而且会给店方现场带来混乱，引起顾客投诉甚至终止合作。良好的计划和责任落实可以避免现场失控局面的出现。参与促销的所有人员都应该拿到自己的岗位职责说明，对自己所扮演的角色、在活动期间的工作，做到细分到每天、每小时甚至每句话的培训，明白自己担负的具体责任、活动期内每天的细分工作流程以及要填报的信息表单、相应的奖罚方法。各司其职才能保证整个活动如期顺利展开。

2. 管理制度需详细列明各项报表、单证的内容如下：

（1）业务代表回访工作日报表。

1）填表人：业务代表。

2）内容：回访时间，检查备货陈列情况记录，跟进工作记录，需支援的问题。

3）汇报人：项目经理/销售经理。
(2) 促销人员工作日报表。
1）填表人：促销人员。
2）内容：各人当日赠品领用、消耗、退回情况，当天促销业绩，竞品流量反馈，其他异常信息。
3）汇报人：促销现场负责人（如促销主管）。
(3) 促销日报表。
1）填表人：促销现场负责人（如促销主管）。
2）内容：当日整体促销业绩，促销人员考勤评分，赠品领用、消耗、退回数量，竞品信息反馈，其他异常信息。
3）汇报人：项目经理。
(4) 促销效果检核表。
1）填表人：指定促销检核人员（如项目经理、销售经理）。
2）内容：促销现场布置，促销人员工作态度、技能，与店方合作状况等方面的检核记录。
3）汇报人：项目经理/销售经理。
(5) 奖罚单：按岗位职责及奖罚制度，根据促销检核结果做出奖罚。
(6) 促销费用支出单：包括堆头费、促销费、促销员工资单等。
3．活动结束后，清理现场，并结算各种费用。

[第七步] 总结与评估

▶ 操作要点

1．促销活动组召开总结会，总结促销活动成功和不足之处以及经验教训，提出改进意见。
2．对促销效果做出评价。

▶ 操作内容

本案例中，旭日升公司此次退费优待活动的总结和评估如下：
1．本次退费优待促销活动是以省钱券的形式进行的，规避了退费凭证形式的一些风险和弊端。
2．在促销方式的选择上使用了联合促销、退费优待、人员促销等多种形式的有机结合，取得了良好的效果。
3．在退费优待的促销费用上，控制得当。
4．10万张省钱券的发放，促进了旭日升在江西市场上100万罐冰茶产品的销售，促销效果明显。
5．项目经理携责任业务代表再次拜访卖场负责人，通过现场照片、前后销量对比、利润对比等工具"对店方做出汇报",旨在传达此次活动是双方受益的信息。主要对由此给店方带来的销量、利润以及店方形象改善等利益进行说明,同时听取店方意见和建议,增进双方的合作关系。

📋 操作说明

1. 促销前销量与促销期销量的曲线图、柱形图对比。
2. 促销前超市利润与促销期超市利润的曲线图、柱形图对比。
3. 现场照片。
4. 活动总费用汇总、活动总销量汇总,计算费用占比。
5. 竞品信息、消费者直接/间接参与人数、店方合作意愿以及意见、建议汇报。
6. 对促销方案中岗位职责、培训资料、准备工作计划表、谈话沟通技巧等进一步修改完善,为下次活动做好经验积累,对相关人员的工作效绩进行考评、奖罚。
7. 通常需要成立一个专门的领导小组,或委托专业的促销公司来进行回件处理工作。具体工作有:
(1)为退费促销活动设立一个专门的信箱,检查顾客寄来的退费凭证是否真实有效;处理顾客的投诉信件等。
(2)开立一个专门的银行账户,向顾客汇款。
(3)向主办单位的管理机关提供退费促销活动进展情况的工作报告。
8. 退费促销的开支费用,主要有以下5个方面:
(1)给顾客的退费。
(2)做广告宣传的费用。
(3)零售商店宣传退费商品的费用。
(4)如果用折价券作退费,还要付给零售商店发放折价券或回收折价券的手续费。
(5)回件处理费用,即处理顾客寄来的退费凭证并寄给顾客退费的开支费用。

五、相关知识

退费优待的方法

1. 购买单一商品时的退费优待。绝大部分的退费优待是为了强化低价商品的重复购买而举行的,所以,为单一商品购买而设的退费优待,常倾向于个人化理性购买型商品,或高价位的食品、药品、家用品及健康和美容用品等。例如,顾客在美国购买一辆轿车,生产厂商会根据购车顾客寄来的退费申请卡和购车凭证（如购车发票），退还给顾客 500~1 000 美元，将此促销活动发挥到极致。

2．多次购买同一商品才能得到的退费优待。市面上许多退费优待的促销方式，被运用在两次或两次以上购买同一种商品上，例如"GRANTS"威士忌酒的退费优待活动——凭 3 张瓶子标签可换回 3 美元。这种办法是为了使顾客多次购买，或一次大量购买。适用于促销单价低、使用期短、购买频率高的日常生活消费品。

3．购买同一厂家生产的多种产品时，顾客可以得到的退费优待。退费优待也常被运用在购买同一厂商的不同产品上，如美国的柯达公司规定：顾客除了购买该公司生产的照相机外，还要买 5 个柯达胶卷，才能得到 10 美元的退费。操作程序是：顾客必须先买照相机，把购买凭证寄到柯达公司，就可退费 5 美元；然后顾客再把 5 个胶卷的包装盒盖，用专用信封寄到柯达公司，就能得到另外 5 美元。

4．顾客必须购买不同厂商生产的相关性商品之后，才能得到的退费优待。为了节省费用，有时候几家企业联手合作，规定顾客必须购买了几家企业的产品后，才能得到退费优待。将相关性商品合并在一起提供退费优待，是产品促销技巧中最普遍的一种方式。

退费优待的类型

1．现金退费。这是一种最常见、吸引力最强的退费方法。其中比较普遍的做法是：顾客购物时按原价付款，但收银员会给顾客一个收据，这个收据中附带购买凭证的退费申请卡，顾客填卡后，寄给或送给厂家或商家，就可以在规定的时间里得到退费。

2．折价券退费。厂家或商家退给顾客的不是现金，而是折价券。例如，武汉某商店推出"节省 20 元"的退费促销活动——顾客在该店购物达到 100 元，就可得到一张面值 20 元的折价券，用以换取该店价值 20 元的商品。这种办法通常在零售店使用，优点是省钱，缺点是对顾客的吸引力不如现金退费。

3．现金加折价券退费。有的商家为了既节省开支，又吸引顾客，采用了退现金和退折价券相结合的办法。例如厂商在收到顾客寄来的购物凭证和退费申请卡后，不是寄给顾客 20 元现金，而是 10 元现金外加 10 元面值的折价券。

4．组合退费。为增加吸引力，退费常可与其他促销方式相结合。抽奖式退费组合也是较常用的方法之一，它能减轻厂商投入的促销费用。比如，屈臣氏商场举办的退费活动中规定：顾客保留购物收银条与商场每日公布的中奖号码核对，中奖者可享受该收银条上金额的全额退款。这能激发起顾客的赌博心理，奖金的多少由顾客自己决定。当然如果许多购买者未能中奖，商家就通过此次活动增加了营业额。

5．升级式退费。退费优待往往要求顾客的购买数量或金额达到一定量时，才有资格获得退费待遇。但对超过这一规定量，有资格享受退费的顾客，要想鼓励他们进一步增加购买，使购买量达到最大化，则最好采用升级式退费方式。这种退费方式是随着购买量的增加，返还金额不是均匀增加，而是越往上退费的额度越高，而要求的数量相对趋低。例如，Snow Crop果汁的退费促销，对购买数量不同的顾客，提供不一样的退费优待，以3罐果汁为最低限，买3罐退50美分，买5罐退1美元，买8罐退2美元。这种退费方式的好处就是诱使顾客尽可能扩大购买量，一般主要适用于单位价值较低的生活必备品。

6. 全额退费。全额退费有3种具体情况：

第一种情况是商品价格很低，全额退费等于把商品送给消费者试用。消费者试用后感觉好，就会长期购买。例如美国的吉列公司在推出一种新的剃须刀片时规定：消费者只要向吉列公司寄回这种刀片的空包装盒，就可收到公司退回的这种刀片的全部货款。

第二种情况是抽奖与退费相结合。例如，深圳惠而浦蓝波空调实业有限公司于1997年6月14日在《羊城晚报》刊登广告说："1997年6月15日至7月15日，购买任何一款惠而浦空调，均可参加本次大抽奖活动……一等奖10名，全额退款（限5 000元）。"这种办法吸引力强，但退款几率小。

第三种情况是顾客在购买了高档耐用消费品（如商品房）后，经过若干年，商家把价款全部退还。这样做的目的是：

（1）厂商可拿这笔资金用于商业周转，以解资金短缺的燃眉之急。这笔资金在若干年内赚取的利润，完全有可能超过这笔资金本身的数额。

（2）由于在若干年内钞票不断贬值，等到商家退还这笔资金的时候，其本身价值（即实际购买力）比当初得到这笔资金时的价值要低。

（3）有的高档耐用商品（如商品房），卖不出去照样会变旧折损；与其这样，不如实行20年后全额退费，这样还可以获得购房款20年的利息。

💻 退费优待的优点

1. 退费优待实际上等于降价，但在表现手法上比降价高出一筹。降价是在购买的当时给予消费者价格优惠，给人的印象是为了刺激消费者购买才降价。退费是在消费者购买了一段时间之后才给予的，完全不牵涉到商品价格的改变，给人的印象是厂商对顾客的一种馈赠。所以，退费虽然本质上等同于降价，但不会贬损商品形象和降低商品的档次，给消费者的印象比降价好。

2. 由于退费优待不改变商品原有价格，所以它能收到降价的实际促销效果，却不会引发同行之间竞相降价的价格战。

3. 退费优待另一个隐蔽性的优点是，退款是在交易达成之后经过一段时间才退给消费者，这段时间商家仍可以使用这笔款项，虽然数额可能不大，但积少成多，对商家的资金周转也有好处。

4．实际中，总会有部分消费者忘记了拿购物凭证去索取退费；有的人不在乎少量退款，或厌烦手续繁杂和时间上的等候，购物后并不要求退费。根据美国尼尔森公司的一项调查结果显示：买了商品后没有用购物凭证去索取退费的消费者占购物者总数的17%，买了商品极少用购物凭证去索取退费的消费者占购物者总数的20%。所以，很多的退费促销活动最终得到了这样的结果：大量地促销了商品，但实际退费的数额却比应该退费的数额少得多。

5．退费优待的商品能刺激顾客试买试用，这对于争取新的顾客群是有好处的。

6．大多数的退费优待活动都要求消费者提交多个购买凭证，才能得到退款，这有利于养成消费者购买某种品牌的习惯，逐渐成为该品牌商品的忠实用户。

7．商家能从顾客寄来或送来的退费申请卡上，了解顾客相关情况，这是一份很准确的客户情况表，为市场调研和今后开展促销活动提供了宝贵的资料。

8．退费优待对于刺激消费者购买一些不易销售的高价位耐用消费品，如轿车、商品房等，往往有特殊效果。原因是这样的商品退费金额较大，吸引力较强。

9．退费优待能使商品在货架陈列中取得优势地位。当厂商实行退费促销时，标有退费标签的商品，在陈列架上势必与其他无标签的品牌形成鲜明对比，使其脱颖而出，尤其是当该品牌的退费额度很有吸引力时，零售店必然愿意为其提供最佳的陈列位置以招揽顾客，顺便买走那些并不退费促销的商品。

10．为厂商推销员提供说服工具。厂商推销员将自己的产品向经销商大力推荐时，若有退费优待作为劝说的理由，则势必大大提高推销员的自信心，同时也向推销员提供了一个与客户交谈的素材，使访问谈话很客易进入高潮。

退费优待的缺点

1．消费者参与率降低。根据国外的调查统计，消费者对退费优待活动的参与率，大约是刊登广告媒体发行量的1%～2%。与优惠券、免费赠品等促销工具相比，消费者对退费优待活动的参与兴趣普遍偏低，其主要原因是由以下几点造成的：一是退费额度小，以至于对顾客没有太大的吸引力；二是退费手续过于繁琐，使顾客觉得麻烦而不愿意参与；三是不能立即得到回馈，费时太久而让顾客失去信心。

2．回馈目前的使用者甚于创造新的业绩。有部分消费者会把早已购买的商品的标签撕下，寄给厂商索取退费。如此造成的结果，就是使已售出去的商品再多享受一些折扣而并不能刺激新的购买者，与创造新的销售业绩关系不大。

3．经验证明，大部分退费优待活动难以立刻产生促销效果，需要经过一段时间才能见效。这主要是因为消费者积累多个购买凭证需要一段时间，而购买大件耐用消费品虽不需要积累多个购买凭证，但消费者一般较慎重，需要一段时间作调查、比较和考虑。因此，对促销的厂商来讲，必须要经过相当长的一段时间，才能获得促销效果。所以,如果企业想快速提升销售业绩的话,退费促销并非上策。

六、典型案例分析

阿汉餐馆的退费优待

在美国密执安州有一家阿汉兄妹开办的阿汉餐馆,采用了向顾客退还餐费的招数,生意十分红火。

阿汉餐馆的退费办法别出心裁,按顾客户头记账,年度结算。店里有一个账本,专门记录顾客的户头。任何一位顾客,只要在这里用过一次餐,并且又愿意留下他的常住地址,饭店就给他一个户头。以后如果再来这里吃饭,所花的餐费如实记在账上。每年9月30日为年度终结日,结账时,按户头算出每户全年用餐花费的金额,然后将餐馆一年总利润的10%按顾客用餐金额多少分发,作为惠顾本餐馆的回馈。

该餐馆用这一促销手法吸引了众多的顾客,1977~1988年的11年间,该餐馆共返还给顾客退费达25万美元。按照该店规定的10%的退费率来计算,11年间该店的纯利润至少应在250万美元以上,平均每年的利润为22.7万美元,减去退费,阿汉餐馆每年的净利润为20万美元。

案例分析:

1. 阿汉餐馆实行这一办法之后,受到了顾客的欢迎。他们认为来这里吃饭有利可图,因此,凡外出吃饭都光顾此店。

2. 顾客同时也很关心餐馆的盈利状况,因为餐馆多盈利,自己也可以多得退费,所以积极帮助餐馆招揽生意。

七、实践练习

家乐福的退费优待促销活动实施方案

家乐福集团成立于 1959 年,是世界第二大国际化零售连锁集团,仅次于美国的沃尔玛。在全球拥有 10 400 家店,分布于 30 个国家,其中特大型超市(HYPERMARCHE)200 多个。家乐福集团于 1995 年进入我国市场,开设了当时我国规模最大的大型超市。目前,家乐福集团在我国 12 个城市共开了 50 家商店。

2008 年 5 月由于法国政府对待"藏独"的态度激怒了中国民众,家乐福遭受了池鱼之殃,为了尽快重聚人气、提升销量,请你为其设计一套可执行的以"退费优待券"为内容的活动方案,要求完成下列要求:

1. 确定退费优待促销活动的目的。
2. 确立退费优待促销活动的主题。
3. 确定退费优待促销活动的内容。
4. 退费申请表的使用。
5. 活动现场设备的准备。
6. 促销活动过程控制。
7. 总结评估。

实训项目 4

集 点 优 待

一、实训要求

1. 了解集点优待促销活动的特点及其退费优待的区别。
2. 掌握实施集点优待促销活动的基本方法，包括它的设计套路、需要考虑的问题、注意的细节等。
3. 了解集点优待促销活动的方法和优缺点及活动注意事项。
4. 可以对退费优待促销活动实例进行优缺点分析。
5. 能根据一个实际场景写出集点优待促销活动的实施方案。

二、概念陈述

> 全楼全馆刷光大银行贷记卡　时间：9月7日至9月9日
> 单张POS单　**满1000元送100元券**　每卡限送200元 券
> 限前258名刷卡客人　顾客凭当天有效POS单至总台领取
> 赠券使用范围：两店通用（大小家电、黄铂金、烟酒、进口手表及特例商品除外、柜位明示）

集点优待，先消费后获赠

集点优待，又称商业贴花，是一种先消费后获赠的促销活动，常见的有积分券、换物票等。它的促销原理是：当消费者购买了某一品牌的商品达到了一定金额（或数量）后，或者在特定的商店购物达到一定的金额（或数量）后，将得到商家给予的优待，以此来达到促销的目的。集点优待的种类繁多，但其最终目的都是以促使消费者再次购买某种商品或再度光顾某店为核心，鼓励消费者重复购买，培养忠实、稳定的消费群体。

集点优待与退费优待的区别是：前者要求数次消费才能得到奖励，而后者大多数情况下为一次性消费即可获得奖励；前者主要以实物为奖励，而后者通常以现金（或代金券）作为奖励；前者主要是为了达到使消费者重复购买的目的，而后者主要是为了吸引消费者作尝试性购买。

三、情景导入

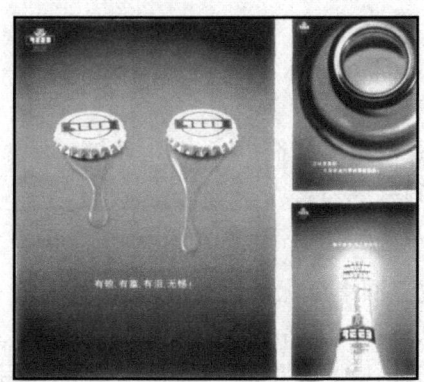

"力波"啤酒的"集点换物"促销活动

在"力波"啤酒的瓶盖内面印刷 1 个或 4 个圆点作为凭证,活动开展期间,累积这些圆点数即可换取相应的礼品,奖励方案如下:

(1) 1 点:力波啤酒一瓶。
(2) 4 点:力波打火机一个。
(3) 16 点:时尚 MP3 一部。
(4) 48 点:力波手表一只。
(5) 280 点:品牌电话机一部。
(6) 408 点:品牌自行车一辆。
(7) 3888 点:29 寸品牌彩电一台。

四、实景训练

集点优待促销活动的策划及实施过程如图 4-1 所示。

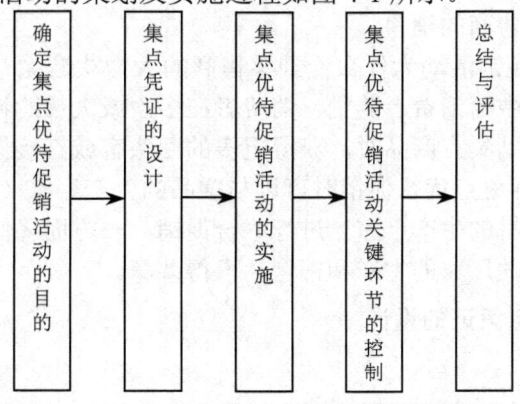

图 4-1　集点优待促销活动的策划及实施过程

[第一步] 确定集点优待促销活动的目的

➡ 操作要点

1. 提升销量。
2. 与零售商实现双赢。
3. 通过联合促销获取更多利益。
4. 提高产品的防御竞争力。

📒 操作内容

在本案例中,力波啤酒集点优待促销活动的目的是:

1. 借活动之机,联合时尚生活用品厂家集团,利用双方共同优势进行联合促销,一方取得促销商品的销售量的增加,另外一方则取得自身产品销售量的增长。

2. 吸引众多的忠诚购买者。很多啤酒爱好者在消费啤酒的过程中,随着集点物的增加,受到奖品的吸引,他们会进一步加大对啤酒的消费,生产厂家因此达到了提升销量的目的。

3. 零售商获得了更多的消费者,虽然在某种程度上增加了工作量,但是随着产品销售量的增加,所花费的成本远远低于由于销量增加带来的利润。综合比较可以看出,零售商在这次集点优待促销活动中得到的实惠是最大的,不仅维持了自己的老顾客,而且吸引了一批新顾客。

4. 在市场上,力波啤酒和同类产品相比提高了竞争力,在市场竞争中提高了自身的防御能力。

📋 操作说明

1. 集点优待促销活动的目的是吸引更多的忠诚消费者对特定商品进行连续购买,而消费者对某个商店忠诚度的建立,源于在该商店购物可以得到相对于别家商店更多的优惠。所以集点优待促销活动不仅仅刺激了特定商品的消费,还可以促进相关零售商的销售。

2. 集点优待促销活动为什么受到零售商的大力欢迎呢?原因很简单,因为生产厂家在促销中给消费者奖励,消费者在多次或大量购物中得到了额外的回馈,零售商在经销集点商品时,获得更多的回头客或直接提高了销量。

3. 厂家在进行集点优待促销时可以与赠品的生产厂家(如本案例中 MP3 的生产厂家、打火机的生产厂家)进行联合促销,一方面降低了赠品的成本,另一方面促进了相关厂家的生产和销售,取得共赢。

[第二步] 集点凭证的设计

➡ 操作要点

1. 集点卡或者集点券的设计和制作。

2．兑奖地点、时间期限的选择应方便消费者兑换。

3．参加集点优待促销活动的注意事项应简单明了。

4．在考虑成本的条件下，集点券可以选择为自己的包装盒或者包装袋等。但是选择这些外包装作为集点券时应该充分考虑到消费者兑换和保存的方便性。

操作内容

在本案例中，力波啤酒集点优待促销活动的购物凭证或集点券设计包括以下几点：

1．在"力波"啤酒的瓶盖内面印上 1 个或 4 个圆点作为凭证，瓶盖上的集点一方面便于携带，易于收存；另外一方面对于厂家而言，可以节省印刷集点券的支出。

2．在兑奖地点的选择上，对于 1 点和 4 点的奖品，消费者可以直接到就近的零售商店兑换，为此，可以预先发给零售店一定数量的打火机以方便消费者兑奖。16 点以上的奖品则需要到力波啤酒指定的经销商或者代办处领取。

3．对于奖品奖项的设置情况，以广告海报的形式进行宣传张贴，经销店、商场 POP、户外广告等明确告知消费者具体兑奖的办法和奖项设置情况。

操作说明

1．购物凭证应该保存容易，换取赠品时方便。

2．集点数目的设计应该方便进行量化，换算时能够以整数进行。

3．在集点券的设计上应该说明其适用范围及适用的期限等。

4．集点券上应该标明兑换的时间期限、地点、兑换的标准等。

[第三步] 集点优待促销活动的实施

操作要点

1．确定合适的赠品及数量。

2．确定合适的集点优待期。

3．考虑赠品兑换操作中的有关事宜。

操作内容

本案例中，力波啤酒的集点优待促销活动方案为：

1．企业在奖项的设置上充分考虑到消费者的日常需要，在大的奖项设置上有时尚感、实用性、普遍性，对潜在消费群体形成足够的吸引力，并遵守公开透明、公平公正的原则进行兑奖。

2．每星期按计划有规律地在零售商场张贴促销海报并配备促销人员现场宣传、促销。还可选择一些移动媒体进行宣传，如公共汽车车体广告等。

3. 奖品的设置有技巧。买一瓶2元的啤酒可以得到价值昂贵的彩电，对于参与者而言具备相当的吸引力。但奖品总的费用开支主要以啤酒和打火机为主，其他大的奖项总量有限，价值虽然不菲，但是数量不是很多，所以总体的成本并不是很高。

4. 在促销渠道上，对于经销商的促销激励是重点，若经销商积极地配合促销工作，在其出货量达到预定的数额时，可以对经销商进行相应的奖励，包括旅游、返点等。

操作说明

1. 集点优待促销活动一般是在卖场实施。由于兑换方式的难易程度会直接影响消费者的参与热情，同时会也影响新顾客试用的效果，所以集点优待促销活动的关键在于如何采取更方便的兑换方式来降低奖品兑换的难度。

2. 奖品是活动成败的关键因素，奖品的选择、设置一定要能吸引、刺激目标消费群踊跃参加。在集点优待促销活动中，由于消费者要多次购买商品后，才能得到足够的积分来换取奖品，所以奖品的吸引力一定要强，否则就很难产生促销效果。例如，某方便面厂家在武汉开展的集点优待促销活动，奖品之一是圆珠笔，这样的奖品就很难吸引人们参加到这一活动中来。还有的厂商或者零售商把一些卖不掉的商品拿来做集点优待促销活动的奖品，也难以达到预期的促销目的。

3. 奖品兑换等级的设计应本着先易后难的原则，以增加消费者的信心。兑奖地点、时间的选择应以方便消费者为原则。奖品的准备数量往往难以估计。准备多了会积压浪费，准备少了又不够兑换，这是经常令举办单位感到棘手的问题。有的集点优待促销活动规定可以兑换零售店内多种不同的商品，这样做也往往造成抢手货缺货，滞销品囤积的窘境。

4. 奖品的价值金额，必须能从促销商品增加的销售利润中抵消，集点优待促销活动才有意义，也就是"羊毛出在羊身上"。

5. 在设定集点优待促销活动的期限上，时间不能过长，时间过长会导致消费者按照以往正常的购买频率或者购买数量来购买促销品，慢慢地积累集点优待卡，从而失去了刺激购买的目的。但促销期也不能过短，时间过短会使消费者望而却步，不敢参加到这一活动中来。

6. 对于这次促销活动，"力波"啤酒需要得到零售商的支持和帮助包括以下3项：

（1）向消费者推介本次促销活动。

（2）当消费者前来兑换时，需先垫出一些"力波"啤酒，并保留好回收的瓶盖。

（3）凭这些瓶盖向批发商兑回所垫出的啤酒。批发商再集中向厂家结算。

[第四步] 集点优待促销活动关键环节的控制

▶ 操作要点及说明

有关集点优待促销活动的关键环节如表 4-1 所示。

表 4-1 有关集点优待促销活动的关键环节

事 项	详 细 阐 述
如何在低价值产品的促销中提供高价值奖品	在活动流程的设计中，企业可以在消费者购买产品时暂不给予奖品奖励，而是待消费者积累了若干数量的凭据以后，再按活动规定，兑换奖品
参与活动的条件设置	参与条件务必简明易懂，尽可能详细清楚，以免引起顾客的误解。通过参与条件的设置，常常有助于界定目标消费群，实现活动的目标。如，为吸引竞争品牌的顾客，可要求顾客提供其他品牌的空包装盒
活动传播途径	不同传播途径可实现不同的销售目标，如优惠券被附在产品包装上，以产生更多的重复购买客户；而邮寄的方式，则可以吸引更多的新试用者。同样，在不同的地方开展的活动，可吸引不同特征的消费群体
活动预算分配	促销成本的预算一般应考虑的因素有：广告宣传费用、管理组织费用（如印刷费、邮费和人员费等）和附加利益费用（投入的奖励及回收率）等
协同任务分配	协同任务包括：需要制订出配合活动开展的日程安排，以便安排生产、销售和分销，以及与礼品供应商、社会力量等企业外部成员的配合

▶ 操作内容

1. 集点优待是很普通的一种促销形式，但是在本案例中，力波厂家在对经销商的管理上做得很到位，从活动最初选择经销商到对经销商备置奖品和利用经销商的名气进行产品推广上下足了功夫，所以取得了很好的效果。

2. 消费者兑换 1 点和 4 点奖品很方便，这点符合消费者心理，从礼品的分布上来看，有很大的阶梯性，抓住了有些消费者追求高价值奖品的心理。

3. 从整个的活动规划来看，奖品的准备、经销商的筛选和广告媒介的选择以及活动预算的控制都规划得很周密，使促销活动在合理的控制范围内进行。

4. 集点优待促销活动还可以扩大企业的影响，所以通过集点活动的实施，在提高产品销售量的同时也进行了力波品牌的推广。

5. 有力执行是本次活动成功的关键，让经销商得到实惠使得经销商积极参与推广力波啤酒，让消费者方便地兑换奖品促进了消费者的大量购买。另外力波厂商在考虑诸多因素的前提下，特地选定了一个稳定的销售区域进行全面演练，对试验过程中发现的一些问题进行了及时的解决和更正，为大范围的推广活动奠定了基础。

[第五步] 总结与评估

🔹 操作要点

1. 评价活动的效果。
2. 评估促销活动对销售的影响。
3. 评估活动的利润。
4. 评估品牌价值。
5. 评估营销沟通工具的组合效果。

🔹 操作内容

1. 集点优待促销活动的形式实现了稳定忠诚消费者的良好效果。啤酒消费者购买越多实惠越大,所以获得了市场上大量消费者的支持。

2. 力波的活动在销售的旺季获得了极好的市场机会,在稳定自身市场占有率的同时扩大了对市场的影响力。力波啤酒给消费者带来实惠的同时,也提升了力波的销量。

3. 力波啤酒促销活动的实施是在良好的预算基础上展开的,在先期的预算中考虑到奖品设置的问题,在奖项的分布上设置一定的差距和大奖兑换的难度,所以成本控制较为合理。

4. 通过此次活动使消费者认识到力波啤酒的品质,对力波啤酒的形象宣传起到了相当好的作用。

🔹 操作说明

1. 评价活动的效果。

可以将活动中所收集的数据与促销前设定的目标相比较,得出实际的效果。比如,吸引了多少新顾客,市场份额增减情况如何,促销预算的实际使用等,这是整个评估中最简单的工作,也是第一步,通过这些数据,再与竞争对手产品销量的同期增长作比较,以了解产品销售实际取得的进步。

2. 评估促销活动对销售的影响。

评估促销活动对销售的影响有两种方法:

(1) 纵向对比法,即将促销活动前、促销活动中、促销活动后的销量进行对比,扣除季节等因素的自然增长率,即可得出活动实际对销量的影响。

(2) 横向对比法,可以选择市场份额、品牌地位相当的竞争产品作同期销量对比,或者选择规模、容量、人口、铺货率、居民购买力相当的城市作为参照对象,一个开展促销活动,另一个不开展促销活动,对比其效果。这种方法也可以用于活动预演中,以帮助测定活动成效。

3．评估活动的利润。

利润评估包括：活动的实际开支与预算相比，哪些项目超支了？哪些没有？根据实际销量增长数，即可得知活动的实际成本。商品的促销活动有时候可以获利，但是大多数情况是难以获利的。实际上，不少跨国公司增加促销预算时，10次只有5次会增加销售，而这5次中又只有一半的情况下增加的销售足以支付促销费用的增加。换言之，不少跨国公司追加的促销费用只有1/4的机会能获利。一般而言，只有当企业举办的促销活动能将竞争对手的顾客吸引过来试用自身较优的产品，并使这些顾客永久地转换过来，此时，这项活动才算是十分有效的。

4．评估品牌价值。

即评估活动使顾客对产品品牌态度的变化，主要了解这次活动对顾客随后购买行为的影响等，即品牌认知、品牌形象、品牌忠诚一系列指标的变化。

5．评估营销沟通工具的组合效果。

促销活动的时机、参加方法、媒体选择、宣传力度等因素被组合运用后，使得某一种营销工具对沟通活动影响的评估变得困难，营销人员很难确切知道某个营销工具运用是否正确，能发挥出多大的效力。因此，这项工作需要有经验的专业人员运用各种科学的方法进行综合评审，以使评估结果客观、合理。

五、相关知识

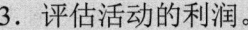
集点优待的方法

1．没有时间限定的集点优待，即无论何时，消费者购物后都可以得到积分兑换券；购物集点只要积累到一定数量，就可以兑换规定的商品，兑换商品的时间也没有限制。例如，美国的罗莱牌香烟是在每包香烟中放置一张积分优待券，另外在顾客购买整条香烟时再附送1张，消费者积累的集点达到一定数量时，就可以换回自己中意的商品，这一活动没有任何时间上的限制。

2．有时间限制的集点优待，即在规定的促销时间内，顾客购物才能得到集点优待；并且只有在规定的促销期内，顾客将规定数量的集点交给商店，才能兑换商品。如果超过了规定的促销期限，消费者积累的集点就作废了。

3．针对性更强的集点优待，即在俱乐部会员中开展集点优待，它是对俱乐部会员的一种优惠促销。由于是针对会员开展的活动，较易控制成本投入，也较易管理，因此此种形式可以适当延长活动时间。

4．可以兑换成套商品的集点优待，即在规定的促销期内，商店每周挑出成套商品中的一件，作为集点优待兑换的赠品。顾客为了得到整套的赠品，只有每周都来这家商店购物，兑换整套赠品中的一件，最后才能得到整套的赠品。

5. 以购物凭证替代的集点优待。商店要求购物者保存某种购物凭证，当达到一定数额时，就可以免费兑换商品，或者以超低价购买商品。这种购物凭证通常是发票、收银机发票条、商品标签、商品包装物的某一部分等。

6. 集点优待公司印制发行的集点优待券。消费者在不同的商店里购买自己需要的不同商品时得到不同的集点优待券，如在副食品商店买油、盐等，在菜场买菜，在大商场买家电产品，在服装店买衣服，在鞋帽店买鞋子等。这样消费者就能在短时间内换回价值较高的商品，从而提高他们参加集点优待促销活动的兴趣。

7. 变相形式的集点优待。集点优待还有一种变相形式叫做"酬客回馈"，例如我国绝大多数的航空公司都开展"累计里程优惠活动"。目前，在很多行业都采用上述办法促销产品或者服务。如在旅馆包房达到一定天数者，或者在旅店消费一定数量的金额者，可以免费入住一定的时间。再如，顾客在某一商店消费一定金额后，可以得到贵宾卡，凭卡在该店购物可以享受价格优惠。总之，办法多种多样，不胜枚举。

8. 生产厂商举办的集点优待活动一般是把集点凭据放在产品的包装内或者印刷在产品的包装上。零售商举办的集点优待活动通常是消费者在举办集点活动的商店购物达到一定的金额后，售货员就送给消费者一定面值的集点凭据。与厂商举办的集点优待促销活动不同的是，它是鼓励消费者在某一商店购物，而不是鼓励消费者购买某一特定的品牌商品。

 集点优待的优点

1. 集点优待可以促使消费者长期稳定地在某一商店购物，或者长期稳定购买某一品牌的商品。因为只有这样，消费者才可以用积累起来的足够多的集点，兑换回自己所需要的商品。

2. 集点优待能够刺激消费者加大购物金额或者提高购物频率。集点优待不但会提高产品的销量，也对在公众中提高企业形象有帮助。

3. 集点优待可以使消费者逐渐成为本品牌或者本商店的忠诚顾客，从而使竞争对手的促销活动归于无效。因为某个消费者一旦参与了一个集点优待的活动，一般来说，该消费者就会积极积累集点，这时他自然很少留意其他商店或者其他品牌的促销活动，也不会到其他商店购物或者购买其他品牌的商品。消费者需多次购买或大量购买，才能收集到兑换凭证以兑换奖品，在这个重复过程中，通过行为对意识的影响，就会养成使用该产品、购买该产品的习惯。

4. 活动成本较低。相对于"赠品促销"、"折价促销"以及"免费样品试

用"等促销形式来说。"集点优待"的成本还是较低的。一方面所提供的奖品成本可以分解到多次购买的商品中；另一方面，不少消费者在收集了集点券后由于种种原因却没有去兑换赠品。

5．集点优待的促销赠品有很大的选择性，能够满足消费者多样性的需要。相对于单一赠品促销，集点换物的可选择赠品能够随着点数的增加而扩大，不像随货赠品那样单一。

6．能作为广告的主题，并以此造成宣传差异化。大众消费品的宣传差异化越来越难做，而普通的广告并不能引起目标受众足够的注意。集点换物需持续一段较长的时间，如果赠品突出的话足可作为宣传的诉求点。

7．可提高产品的竞争力。消费者一旦参加了集点优待的活动，一般不会轻易退出而转向竞争品牌，因此对竞争品牌是一种遏制。

8．在同类同级商品中可创造产品的差异化。当各品牌商品间没有明显差异而令消费者难以选择时，举办集点优待的促销活动，正可塑造品牌特色。尤其在零售点上对实际销售更有助益。

集点优待的缺点

1．集点优待这种活动适用于购买频率高、消耗量大的产品，而对一些使用周期长、不经常购买的商品，如领带、台灯、电话机等则会毫无用处。并非所有商品都适合此活动方式。

2．集点优待促销活动费时较长，是对消费者耐心的一种考验，会使很多消费者对它丧失兴趣，除非集点数量要求低、赠品又特别吸引人。

3．兑换的难度直接降低了消费者的参加热情。兑换地点不是很方便、兑换手续的繁琐等都会增强兑换的难度，直接导致消费者对活动缺乏兴趣，甚至会使已经参加活动的消费者中途退出活动。因此，集点优待促销活动的兑换工作在设计上应方便消费者兑换。

4．经销商、零售店主对集点优待这种活动兴趣不大，他们更喜欢能够直接兑换现金的促销方式，所以此活动能让商品单独陈列的机会几乎微乎其微。

5．集点优待的方式对吸引新客户试用产品的效果也较差。

举办集点优待活动的注意事项

不论开展何种类型的集点优待，时间和金钱都是最大的投资，要想真正有效地发挥出集点优待的优势，需要注意以下几点：

1．集点的折算方式要简单可行、一目了然。如，1元就是一个点数，或1个瓶盖就积1分。所设置的兑换比例也要明白易记，如以5、10等大家习惯的整数为换算单位，并按相应比例递增。

2．兑换数量的设计上，一定要顾及到"轻轻松松即可换得"的原则，设计几个只需小量的积分就可得到的赠品，以增加消费者的信心。

3. 购物凭证或集点券载体的形式一定要精心设计，集点凭证应是消费者方便得到的，如产品包装上的某一标志，只要消费者购买产品，即可得到标志，而无需另行索取。某些商品包装能很容易地取下标签或获得购买凭证。但某些商品则并非如此。例如，塑料包装或金属容器等，想从包装上取得购物证明，有时几乎是不可能的事。

4. 奖品选择时，遵循三"R"原则是集点优待促销活动成功的关键，即：

Relevance（相关性）：赠品须与产品相关，须符合产品的品牌形象，须与产品的目标消费者相关。

Repetition（重复性）：赠品可供重复使用，重复出现在消费者的眼前，令他经常联想起品牌以及产品的种种好处。

Reward（获益感）：赠品须有价值感，令消费者有获得的欲望。

根据研究发现，消费者对于促销赠品的重视程度依次为：

实用性	98.3%
质量好	71.8%
有吸引力	61.5%
雅致美观	59.8%
使用方便	45.4%
独特性	43.7%
耐用性	28.2%

5. 活动时间不宜过短，留给消费者足够的时间收集。一般的集点优待促销活动持续 2 个月左右，有时一个组织严密、筹划周详的大规模集点优待促销活动需耗时半年甚至 1 年的时间。

6. 举办集点优待活动时需注意一切以方便消费者为原则，才能减少活动本身可能存在的种种不利因素。如兑换地点、兑换时间的选择，应充分考虑消费者的实际可操作性。

由于兑换工作既繁琐又耗时，涉及工作人员的安排、兑换凭证的回收、赠品的补充与存放、与兑换店店主的协调等，都必须事先周密计划，确保活动有条不紊地开展。消费者一旦不能满意地兑换到礼品，就会造成兑换点的秩序混乱，更有可能导致企业声誉受损。

总体说来，集点优待促销活动最大的作用在于鼓励消费者重复购买，建立产品的稳定顾客群。由于该活动对消费者的吸引力有限，因此强势品牌开展此活动效果较佳，而对于吸引新消费者尝试或推介新产品来说，则作用不甚明显。同时，活动成效如何还与赠品的吸引力、兑换手续的简繁及广告宣传力度等因素息息相关。

六、典型案例分析

花样众多的集点优待

(一)"吃小亏占大便宜"

某副食品超级市场推出了一种给顾客发放月票的促销方式,其实质也是集点优待方式。凡是持月票到商场购物的消费者,可以享受九折优惠。到月底结算时,对于本月中到超市购物金额最多者,给予奖金。向顾客发放月票就是鼓励顾客长期在自己店内购物,于是超市就有了一大批稳定的顾客。蔬菜之类的副食品是每一个家庭生活中必需的。月票的办法对于顾客来说是常买常省,多买多省;对于超市来说,长期来这里购物的顾客越多,生意越稳,利润越多。打折扣、发奖金,可以吸引大量的回头客,从而取得"吃小亏占大便宜"的效果;通过顾客这样的"活广告",能够吸引来更多的顾客。顾客购物往往都是顺带性的,月票的优惠虽然反映在蔬菜上,但是只要顾客上了门,一般会顺带买别的商品,给超市带来滚动效益。

案例分析:

1. 这种促销是属于没有时间限定的集点优待,它最大的好处是可以提供较高额的礼品来吸引消费者,另外,不限时间也可让消费者打消顾虑,放心参加。因为对于消费额较少的产品,消费者往往会因短时间内无法积累到足够多的点数而放弃参加活动。对于日常的副食品来说,具有购买频率高、批次多的特点,在集点优待的时间上不易限制,重点应该体现在鼓励顾客多买,为顾客省钱方面。

2. 月票的发放是为了吸引更多的老顾客,使顾客形成更高的忠诚度,对于超市所在社区的一般家庭而言,这种方式确实起到了很大的作用。

3. 这种没有时间限定的集点优待促销活动的不利之处在于:活动一经宣布,超市就不得不常年预留该笔预算,即使绩效不佳或公司经营发生变化,都不得轻易中止,以免使信誉蒙受损失。这种方法虽然对于老顾客、忠诚购买者有一定的吸引力,但是对于一些新顾客吸引力较小。

(二)"波力"收集高手,特别回报

凡购买"波力"食品,凭 4 个不同产品的外包装袋(其中必须有 1 袋是 90 克的"波力"花生卷),就可在指定时间、地点兑换 148 克鲜果口味"心动"果冻 1 袋。其中时间限定为:8 月 22 日、23 日,9 月 5 日、6 日的上午 10:00~下午 5:00,在指定的 10 家商店兑换。

案例分析:

1. 本例是属于有时间限制的集点优待。它是期望消费者在短期内增加购买次数或购买金额,而且,对企业来说较易于控制活动的预算。相比没有时间限定

的集点优待方法,这种方法更乐于被厂商所采用。

2. 不足的是,如果活动的宣传效果有限,或消费者反应滞后,限定时间内来参加活动的人不多,就违背了厂商的促销本意。所以限定时间的集点优待促销活动,要注意事先的有效宣传,并且,参加活动的难度不能太大,毕竟消费者为此准备的时间有限。

3. "波力"品牌的促销活动还有一个目的,就是通过集点优待促销活动推广其新产品——"心动"果冻。由于要凭四个不同旧包装,还必须有花生卷这一指定品种,条件太多,最后换来的却是只含4个"心动"果冻(37克×4个)的产品,消费者会不会认为不值呢?如果感受上打了折扣,"波力"公司以后再举办类似活动,还会有多少人参加呢?

(三)"蕴露"会员享受积分回馈

德国威挪化妆品公司同时在北京、上海、天津、南京、石家庄5个城市开展了为期3个季度的积分回馈活动,凡购买"蕴露"头发护理用品,即可加入 Lifetex 俱乐部,获得会员卡,参加当年的积分活动:

在每个季度内累计购买产品满400元者,凭积分卡及购买凭证可在指定时间内到指定商场,换取价值100元左右的产品1份。

本季度内未满400元者,继续消费积满400元后,参加下一季度的换领活动。在本季度中消费超过400元的部分,不可计入下一季度的换领活动。

连续三个季度积满400元者,年底另可获得新年特别礼物。

案例分析:

1. 这是一个通过会员制的形式相对锁定目标消费群体,然后开展集点优待,馈赠和巩固老顾客的案例。其实,不少日用易耗消费品都可以开展这种形式的活动,以在竞争激烈的市场中争夺消费者。

2. 企业举办集点优待活动还得注意竞争对手的动向。如果当时竞争对手是在举办"即买即送"形式的赠品活动,则集点优待活动的应对效果不佳。因为如今绝大部分的消费者没耐心也不愿意只为了换得一个赠品而慢慢地等待、收集,他们更为看重的是即时消费、即时满足。因此,必须在竞争对手开展"即买即送"的活动之前推出本项活动。而消费者一旦参加了你的集点换物活动,就不会轻易中途退出,放弃自己辛苦积攒起来的点数,此时集点优待可尽显魅力。

(四)集点优待公司

在美国、日本、西欧等一些市场经济发达的国家和地区,出现了专业的集点优待公司。集点优待公司把统一印制的集点优待券卖给城市内各行各业的零售商店,零售商店售货时,再把集点优待券按照交易的金额的多少赠送给消费者。消费者可以在不同的商店里,收到同样一种集点优待券,积累到一定数量之后,就可以到集点优待公司的兑换点去换回自己想要的商品。在日本,集点优待公司数不胜数。这类公司的主要设施就是赠品储存仓库和赠品兑换所。设立多个赠品兑换所的目的是方便顾客兑换赠品。日本的蓝票和绿票两大集点优待公司,共有 5 所中央仓库,还有十几个赠品兑换所,分布在十多个城市。另外,在一些大型的商场里,也设有几十个赠品兑换点。

集点优待公司最重要的业务就是"换物目录书",这是一种规定多少张集点优待券可以换什么商品的手册。每个开展集点优待活动的商店都要准备一些"换物目录书",供顾客查询。这种目录书印刷十分精美,多用彩色印刷,有的厚达几十页,放在商店的显要的位置上,经常有顾客翻阅。于是有不少工商企业争相在"换物目录书"刊登广告,这也成为有效的广告媒体,集点优待公司还可以从中获得广告媒介收入。

案例分析:

1.此案例属于集点优待公司印制发行的集点优待。这种集点优待的方式比较适合于市场成熟的区域或者国家,由于目前我国很多地方市场发育不是很完善,这种方式的适用需要一定时间。

2.集点优待公司的组建和销售收入来源主要有两个方面:一方面,通过其组织商家的加入,收取一定的费用;另一方面,可以为商家提供广告信息,作为商家或者厂家的宣传媒介,获取广告费用。

3.这种集点优待的方式对于在同行竞争中处于优势的商家比较合适,因此,集点优待商家的选择上应该在有限的区域或者有限的行业中选择有限的商家作为集点优待提供的商家。

(五)芬达"橙献"劲爆飞车

为了配合"芬达"汽水推出新包装,可口可乐公司举办了"芬达'橙献'劲爆飞车"有奖促销活动:消费者只要集齐 8 个新芬达 355 毫升罐装产品拉环,即可在指定的兑奖点免费换取"芬达"MATCHBAOX 迷你劲爆飞车一款。MATCHBAOX 迷你劲爆飞车总计有 8 款,8 款新车连环推出,集齐一套,纵横赛场是每一个爱车迷们的梦想。不仅如此,集齐一套赛车的消费者还可以投入精彩的"芬达"劲爆飞车棋盘图中,与其他的车手一较高低。活动期间每月送出两款,计 20 万辆,总共送出 8 款 80 万辆,同时附送棋盘图,限量派送,送完为止。

案例分析:

1.所谓成套礼品逐件换取是指厂商提供的礼品是一个系列或者一整套的,消费者积累到一定分数时只能换取其中的一件,若要换取一整套,需要积累更多。本例中芬达拉环的收集符合商品保鲜保值的要求,一旦拉环被拉开,商品没有办法囤积。因此限期的兑换促销要求并不会影响日后产品的销售。

2. 这个案例的目标消费者以年轻人为主，然而要集齐 1 套车模必须每月喝 16 罐"芬达"，这就会涉及目标受众的消费能力的问题。所以一个月后，芬达推出同一活动时，把条件放宽了一倍，改为只要 4 个拉环或者瓶盖即可兑换飞车 1 辆，美其名曰：庆祝新学年，现时送大礼。

（六）"高仕"集盖赢大奖

消费者在饮用高仕啤酒后，收集瓶盖或铁环，即可兑换不同礼品。如 4 个瓶盖或 2 个铁环可换打火机 1 个；10 个瓶盖或 5 个铁环可换棒球帽 1 顶；其他礼品还有广告衫、旅行包、夹克衫等。

其中铁环的换领标准只需瓶盖的一半。（"高仕"啤酒有两种规格的包装：一种是用普通啤酒包装，而另一种则用特制的铁环瓶盖包装。）

案例分析：

1. 本例中"高仕"啤酒的两种规格的产品由于售价不同，所以集点优待的标准也不一样。而在"芬达"的案例中，其不同规格的产品都采用一样的礼品兑换标准，包括玻璃瓶小包装、500 毫升、1.25 升、2 升塑料瓶包装，易拉罐等。虽然这些不同规格产品的售价并不相同，但瓶盖都无差异，因此难以执行不同的兑换标准。

2. 实际上，集点优待兑换的礼品的价值应是与产品规格的销售额成正比的，否则，会产生销量不平衡的情况，比如，芬达的案例中，同样 4 个瓶盖可以换 1 辆车模，那消费者肯定会购买规格最小的产品，因为它的价格/数量比最低。所以，企业应该根据不同规格产品的销售额配置不同的兑换标准。

3. 另一种情况是，企业为了主推某一规格的产品，有意设计不平衡的标准。比如，啤酒有罐装和瓶装两种规格。显然罐装比瓶装便宜，但是，大多数啤酒公司的瓶盖和拉环兑换礼品的标准是完全一样的。因为啤酒公司都鼓励多消费罐装啤酒，那是基于罐装产品的利润高于瓶装产品。

4. 集点优待的兑换标准，只有让消费者明确无误地了解，才能产生相应的吸引力。

（七）"三得利"进清爽啤酒，送开心大奖

三得利公司针对消费者的促销活动的内容是：购买 1 瓶"三得利"啤酒配有刮刮卡一张，奖品包括价值 1 500 元的美味佳肴，或 0.5 元的现金。如果刮开后未中奖，集满 3 张可兑换 0.5 元。同时，三得利公司又采取花色繁多的礼品来吸引零售店协助推广刮刮卡的促销活动。零售店进 3 箱三得利啤酒，即可在 4 款礼品中任选一款。礼品包括：精美挂历、新潮计算器、腰包、厨房围裙。

零售商需要进行配合的是：

1. 负责对刮中现金奖的消费者兑奖 0.5 元。
2. 负责对集满 3 张未中奖的消费者兑奖 0.5 元。

3. 负责集中回收刮刮卡,到三得利经销处统一兑换。

案例分析:

1. 本例是属于生产厂商发行的集点优待对消费者的促销活动,但是如果没有零售商的配合是很难落实的。因为不能简单地对零售商说:"我举办的促销活动,可以帮你带来更多的生意,所以,你自然应该配合。"问题是,零售商不一定非要配合,如果其他厂家所给的利益更多,可能就会调动其更大的积极性。此外,从某种意义上来说,市场的消费总需求是相对稳定的,如果本厂家的产品卖多了,势必其他厂家的产品就会卖少了,这对零售商总利润的增加并没有十分明显的帮助。

2. 这一活动的成功之处在于使得消费者和零售商都不落空。尚嫌欠缺的是,给零售商的礼品还显单一。虽然,礼品品种增加会带来管理上的麻烦,但是,既然要送礼,就得送得让人喜欢,因此,事先的调查和登记能使促销活动更为有效。

七、实践练习

大嘴鱼乡餐馆集点优待促销活动实施方案

大嘴鱼乡餐馆位于海口市金龙路美食一条街,周围餐馆口味齐全、竞争激烈,如何吸引顾客、稳定客源则成为每家餐馆必须面对的难题。

请根据其地处国贸中心,周围多为办公人群与高档小区的特点为其设计一套可执行的、以集点优待促销为主的活动方案,要求完成下列要求:

1. 确定集点优待促销活动的目的,提升营业额,提高餐馆经营的防御竞争力。

2. 集点凭证的设计,说明兑奖地点、时间期限和注意事项。

3. 集点优待促销活动的实施,包括选择赠品、确定优待期、兑换办法等。

4. 集点优待促销活动关键环节的控制,包括设置参与条件,活动宣传,预算分配,任务分配等。

5. 总结与评估,包括评价活动的效果,对利润和品牌的影响等。

实训项目 5

抽 奖 促 销

一、实训要求

1. 了解抽奖促销活动的内容和性质。
2. 掌握抽奖促销活动的操作过程，包括设计套路、需要考虑的问题、注意的细节、规则的制订与发布等。
3. 了解抽奖促销活动的相关知识。
4. 会分析一个实际抽奖促销活动的长处和不足。
5. 能根据一个实际场景写出抽奖活动的实施方案。

二、概念陈述

抽奖促销，试试你的运气

抽奖，是现代商家常用的一种促销手段。抽奖的目的在于提高消费者购买商品的数量，它利用大众的博彩心理，通过设置非常有吸引力的大奖或提高获奖机会来调动消费群体的广泛参与。

抽奖是指经营者以抽签、摇号等带有偶然性的方法决定购买者是否中奖的有奖销售行为，它的本质特征在于参与有奖销售活动的消费者谁能中奖、中什么奖具有偶然性和不确定性。中华人民共和国国家工商行政管理总局在《关于抽奖式有奖销售认定及国家工商行政管理局对〈反不正当竞争法〉具体应用解释权问题的答复》（工商公字[1998]第143号）中，对抽奖式有奖销售作了进一步规范：即"抽签、摇号是典型的抽奖式有奖销售方式，但抽奖式有奖销售方式并不限于这些方式。在有奖销售中，凡以偶然性的方式决定参与人是否中奖的，均属于抽奖式有奖销售，而偶然性的方式是指具有不确定的方式，即是否中奖只是一种可能性，既可能中奖，也可能不中奖，是否中奖不能由参与人完全控制。"

企业对于抽奖促销工具的运用需要建立在一定的市场基础上，即其产品或服务在市场上要有一定的品牌知名度和部分固定的消费群体，因为消费者是不会对他了解不多的产品花费过多时间和精力的。

三、情景导入

五花八门的电信抽奖

进入新世纪以来，电信公司出于各种各样的目的开展促销活动，抽奖促销形式已经是家喻户晓了。

为了广泛听取电信用户的意见和建议，维护电信消费者合法权益，切实改善电信服务工作，河北省电信公司2001年年底在全省范围内开展了"百万用户"满意率调查活动。该活动由省消费者协会、省电信公司、河北日报社联合举办，通过抽奖的方式吸引用户参与问卷调查。

2004年2月，广州电信面向广州电信固定电话用户推出了ADSL"宽带体验"优惠抽奖活动。

为了回馈广大小灵通用户的厚爱，自2004年12月21日9时～2005年1月

1日24时,所有上海电信小灵通用户发送短信即可参加超值抽奖活动,发得越多,机会越多。

　　为了鼓励用户多打电话并按时缴纳话费,2005年2月16日(正月初八)清晨,广西壮族自治区博白县电信公司在主营业厅门口举行无欠费用户抽奖活动。

　　西安电信分公司,于2005年2月5日起到2005年3月10日止,在西安市内及周边郊县,对普通用户开展"积分回馈"活动,活动分为积分兑换奖品和积分参加抽奖两大部分。

　　2005年春节前夕,新疆电信推出了"打电话,游神州"抽奖活动。

　　……

　　电信公司为何经常选择抽奖形式来进行促销呢？这样的抽奖活动又是怎样策划和实施的呢？

四、实景训练

抽奖促销活动的策划及实施过程如图5-1所示。

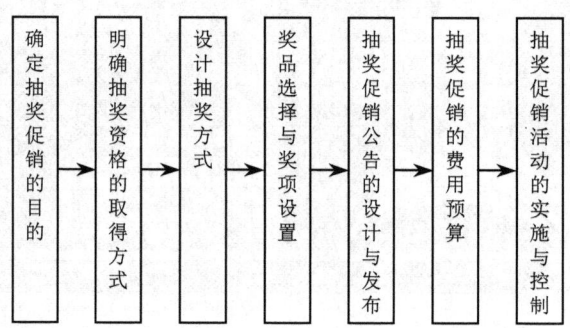

图5-1　抽奖促销活动的策划及实施过程

[第一步]　确定抽奖促销的目的

➦ 操作要点

1．强化消费者对品牌、产品或服务的认识和了解。
2．增加消费者的冲动消费。
3．改变消费者的消费习惯。
4．加强与消费者的情感联系。
5．配合其他促销方式,强化促销效果。

➦ 操作内容

以下各例虽然都是抽奖,但是目的却各不相同。

1．情景导入中，广西壮族自治区博白县电信分公司的抽奖活动主要对2005年1月份单机话费超过100元并于2月15日前缴清话费的1 600多名住宅电话、小灵通和精灵通用户进行公开抽奖。

目的是努力转变消费习惯。

2．情景导入中，上海电信小灵通用户参加的抽奖活动。

目的是刺激消费。

3．5月17日UT斯达康公司在广东汕头、揭阳、潮州和河源的指定电信营业厅举行"今天好运气，UT送惊喜"抽奖活动。活动期间，凡购买UT小灵通手机，在现场就可凭发票参加抽奖活动，如抽到的幸运球数字与发票号码数字部分相同，即可获得相对应的奖品。大奖为UT728折叠彩屏内置摄像头小灵通手机。

目的是进行具体产品的促销。

4．2004年2月，广州电信面向固定电话用户推出了ADSL"宽带体验"抽奖优惠活动，中奖用户只需每月30元就可体验到为期3个月的ADSL宽带服务。

目的是新产品推广。

5．情景导入中，河北省电信公司于2001年年底在全省范围内开展了"百万用户服务质量满意率调查"活动。此次调查活动采取走访、电话访问和信函调查等形式，了解客户在电信方面的需求及对服务的意见，调查用户对电信交费、话费查询的方便程度是否满意，对电话故障处理时限及现行资费的满意程度等。此次调查活动由省消费者协会、省电信公司、河北日报社联合举办，通过抽奖的方式给填写问卷的用户以奖励。在整个调查工作、抽奖活动结束后，全面汇总用户意见，发现总体满意率达到了97.4%。对此省电信公司表示，将根据调查问卷中反馈的用户意见，进一步改进服务工作。

目的是加强与顾客的交流，改进服务工作。

6．西安电信分公司，于2005年2月5日～2005年3月10日，在西安市内及周边郊县，对普通用户开展"积分回馈"活动，活动分为积分兑换奖品和积分参加抽奖两大部分。

目的是提高顾客忠诚度。

操作说明

1．抽奖促销是商家进行市场营销活动的一部分，其目的必须服务于商家的总目标，以提高商家总利润为根本宗旨。具体的抽奖促销目的是丰富多彩的，应根据不同的营销策略而变化，但不能脱离根本。

2．抽奖促销对消费者的刺激大，以奖金形式刺激消费者，会使消费者在购买商品的同时得到一种意外惊喜；以物品的形式刺激消费者，会使消费者在购物时有物超所值的感受。

3. 抽奖促销能够推动销售量的迅速上升，效果十分明显，尤其是对某些滞销的商品来说，在刺激其销售量增长方面表现颇佳。

4. 抽奖促销有助于提高企业的知名度。在活动期间，公众都会关心谁得奖、得什么奖，这样活动从开始到结束企业都可以得到广泛的关注，形成新闻焦点，并通过各种渠道迅速传播，使企业知名度得到提升。

5. 抽奖促销有利于促进企业的其他销售活动。消费者通常会对抽奖促销给予极大的关注，从而被吸引到商场中来，这时也会产生一些其他的购物消费活动，这样，抽奖促销就可以作为一种增加客流的工具辅助其他销售活动取得成功。

[第二步] 明确抽奖资格的取得方式

▶ 操作要点

1. 购买某类商品即获得抽奖资格。
2. 购买量或消费量达到某一标准即获得抽奖资格。
3. 填写活动调查表获得抽奖资格。
4. 参与现场活动获得抽奖资格。
5. 跟时间相关的资格获得方式。
6. 某一顾客群均可获得抽奖资格。

▶ 操作内容

1. UT斯达康：购买UT小灵通手机可参加抽奖。
2. 博白电信：及时交话费获得抽奖资格。
3. 河北电信：参加问卷调查可参加抽奖。
4. 上海电信：使用小灵通发送短信可参加抽奖。
5. 西安电信：使用积分兑换抽奖机会。
6. 广州电信：所有固定电话用户均有抽奖机会。

（具体内容可参照前后相关内容）

▶ 操作说明

1. 购买某种商品，即可参与抽奖。举办者事先确定并公布中奖的内容，将其印在刮刮卡或产品包装上的特定地方，消费者在现场刮开核对是否中奖。

2. 消费者购买商品达一定额度均有抽奖的机会。比如，在李宁专卖店购物满200元以上，可以参加抽奖。100%中奖率。奖品有照相机、钥匙环、起瓶器等。顾客参加抽奖的起点消费金额通常以顾客平均购买金额为基准再向上酌增。譬如平均购买金额为30元，则可设定为50元或60元。

3. 消费者可以从报刊、杂志或直接从商场店铺里得到抽奖活动的参加表，根据其要求将姓名、地址等内容填好后寄往指定的地点,即获得抽奖资格。这种方式是抽奖中最普通的一种方式。

4. 在促销活动现场,经主持人的认可获得抽奖机会。

5. 在一个循环周期中的某一段时间内有行为表示即获得抽奖资格。如2005年1~4月,几大国有银行信用卡刷卡消费即可参加抽奖。

6. 属于某一有共同特征消费群体的顾客均能参加抽奖。

7. 免费抽奖就是免费为消费者提供抽取大奖的机会,消费者无需购买任何产品,也不需要任何参与条件,获奖者完全是随机产生的,它能调动几乎所有人的兴趣,对于提高消费者对产品和品牌的认知度有着明显的作用。如果和其他促销方式有机结合,就能迅速为零售商打开销路,实现品牌知名度、美誉度的快速提升。

[第三步] 设计抽奖方式

➡ 操作要点

1. 分散式抽奖。
2. 集中式抽奖。

➡ 操作内容

1. 分散式抽奖:前述 UT 斯达康公司举行的"今天好运气,UT 送惊喜"抽奖活动,凡购买 UT 小灵通手机,在现场就可凭发票参加抽奖活动。

2. 集中式抽奖:前述西安电信分公司开展的"积分回馈"活动,分为积分兑换奖品和积分参加抽奖两大部分。本次活动抽奖方式如下:全市(含郊县)统一抽奖,如果某个用户用积分换得 N 个抽奖机会,则有 N 个序号。抽奖时,普通用户或非语音 ADSL 用户依照其缴费电话号码(或缴费号)加上序号形成抽奖号。在总抽奖顺序中用户电话号码或缴费号将出现 N 次,用户抽奖号码为:电话号码(或缴费号)+序号,比如某人的缴费电话号码(或缴费号)为 xxx,换取了两次抽奖机会,他的抽奖号码为:xxx01,xxx02;另一人的缴费电话号码为 yyy(或缴费号),换取了三次抽奖机会,他的抽奖号码为:yyy01,yyy02,yyy03。积分活动结束后,所有参与抽奖的用户的抽奖号汇总,由经公正处审批过的电脑程序从低等奖到高等奖逐一抽出。

➡ 操作说明

1. 分散式抽奖活动的内容如下。

(1)分散式抽奖活动不需要统一组织,购买行为或消费行为发生后即可知晓是否中奖。如在所购产品中印有中奖的标志,凭此标志可以在指定地址领取奖品。

(2)常见的是对奖式抽奖,制造商事先选定特殊数字或标志,经由媒体公示,参加者抽中的奖券只要符合此数字或标志,即可中奖。

(3) 目前对奖式抽奖运用较普遍的是刮刮卡:消费者购买商品的同时,在商品包装上获得或向零售店索要刮刮卡,刮去上面的覆盖膜,显示出数字或图案,与厂商事先通过媒体告知的中奖数字或图案对比,即可知道是否中奖。小奖在零售店即可当场兑付,大奖在代理商或厂商处兑付。

(4) 这种方式反馈速度快,有助于刺激消费者对易耗类商品的重复购买。

2. 集中式抽奖活动的内容如下。

集中式抽奖由企业或商场统一组织,在活动现场或某一特定时间抽奖并公布抽奖结果。这种方式影响面大,易于营造声势,从而有利于鼓励潜在顾客的参与。具体形式多种多样。

(1) 购买直接抽奖:对购买者登记号码,再随机抽奖。

(2) 购买兑奖抽奖:主办方事先确定数字和标志,印制在奖券上,一组奖券派送完后或到指定日期,经由媒体告知购买者获奖号,获奖者即可到指定地点兑奖。

(3) 消费者可以从报刊、杂志或商店里得到抽奖活动的参加表,根据其要求将姓名、地址、电话、身份证号码等内容填写后寄到指定地址,从中随机抽取中奖者。

3. 通常抽奖方式与准备的奖品有关。

(1) 若奖品前几项为大奖,如国外旅游机票、名贵音响、大件家电等则多用定期公开抽奖方式。

(2) 若赠品金额不高,属一般性赠品,如吸尘器、电饭煲、电熨斗等,且数量充裕,则多用立即抽奖兑换的方式。

[第四步] 奖品选择与奖项设置

▶ 操作要点

1. 奖品组合均采用金字塔形设计。
2. 确定奖品的价值和奖品的形式。

▶ 操作内容

前述西安电信分公司开展的"积分回馈"活动,积分抽奖奖品设置情况如下:

特等奖 15 名(奖品为彩色电视机一台)。

1 等奖 45 名(奖品为洗衣机一台)。

2 等奖 100 名(奖品为电热水器一台)。

3 等奖 450 名(奖品为小灵通手机一部)。

操作说明

1. 奖品的选择必须考虑两个方面的因素：

（1）奖品的价值：在设计奖品价值时，应以小额度、大刺激为原则。同时，由于《中华人民共和国反不正当竞争法》中明确规定，对抽奖促销的最高奖金不能超过5 000元，所以奖品决不能靠高价值的大奖取胜，而应靠奖品的新奇性和独特性取胜。

（2）奖品的形式：抽奖促销最关键的是奖品的设置，由于目前国家规定最高奖金不得超过人民币5 000元，在一定程度上限制了抽奖促销方式的发挥，所以更要在奖品的形式上突出创意，突破有形物质的限制，赋予奖品更深的内涵。如化妆品公司可以为中奖者提供拍摄广告片的机会，VCD企业则可以为中奖者制作个性光盘等。

2. 奖项的设置：因为抽奖活动的魅力主要在于奖金或奖品对消费者的诱惑上，所以它直接影响着促销活动对消费者的感召力。

（1）奖品组合中一定要有诱惑力很大的大奖；且末等奖数量要多一些；这样有利于调动消费者参与的积极性。

（2）奖品组合一般采用金字塔形，即一个高价值的大奖，接着是中价位的奖品，然后是低单价的小奖品或纪念品。

某超市在销售旺季曾推出了百万元的"来得多、赢得多"大抽奖，以招徕顾客。大奖设有15名，各得1万元购物礼券1张；小奖则有50 000份。在此两面夹击之下，无论顾客喜欢"大奖"还是"小奖"，都难免为其所动。其活动设计奉行"即时奖励"的原则，所有奖品均每星期一抽奖一次，抽奖结果当时就见分晓。因此，活动的吸引力很大。

3. 奖品总额控制：通常奖品的金额多为此次促销活动预估增加营业额的5%～10%，或依厂商赞助奖品的情况来酌量。而奖品大小及多少则可依抽奖方式来决定。

4. 西安电信分公司奖品选择及奖项设置分析：

（1）奖品选择全部是家庭常用商品，对一般客户具有吸引力。

（2）奖品组合构成采用金字塔形，符合一般规律。

（3）奖品价值额度符合有关法律规定。

（4）奖励名额多，有利于调动消费者的积极性。

［第五步］ 抽奖促销公告的设计与发布

操作要点

1. 抽奖促销活动说明的内容要条理清晰，阐述简洁、准确，避免引起歧义。
2. 抽奖促销活动公告的发布应具有针对性，强化对目标顾客的影响。

操作内容

西安电信分公司设计与发布抽奖活动公告时应考虑：

1. 抽奖活动公告的设计：为便于用户理解，可使用例子加以说明。比如，用户抽奖号码为：电话号码（或交费号）+序号，某人的缴费电话号码（或交费号）为xxx，换取了两次抽奖机会，他的抽奖号码为：xxx01，xxx02。

2. 考虑到用户人群与报刊阅读人群的相近性，选择纸质宣传单，夹在晚报中随报纸发行，也便于用户阅读后保存。

3. 获奖名单在报纸、网页及营业厅公告牌上公布。

操作说明

1. 以下几项必须在抽奖说明中明确指出：

（1）活动的起止日期及说明。

（2）列出奖项和奖额。

(3) 告知参加者与活动有关的所有信息。
(4) 参加抽奖需具备的条件及有效凭证的认定。
(5) 标示评选机构以示信用。
(6) 中奖者的通知方式。
(7) 说明奖品兑现的方式、地点、时间期限。
(8) 个人偶然所得税交付方式（指个人缴纳或企业代扣代缴）。
(9) 列出评选的方法并说明抽奖活动的监督机构——公证处。
(10) 活动解释权说明。
(11) 企业名称、地址及咨询电话。

2．抽奖活动公告及抽奖结果的发布渠道多种多样，通常的做法有以下几种：

(1) 活动现场发布。
(2) 店内 POP 发布。
(3) 产品包装广告发布。
(4) 柜台或街头传单发布。
(5) 网站发布。
(6) 广告专送。
(7) 报纸刊登。

[第六步]　抽奖促销的费用预算

➯ 操作要点

1．宣传费用。
2．奖品费。
3．其他费用。

📚 操作内容

广西壮族自治区博白县电信分公司举行开春抽奖活动，费用预算如下：

1．传单共 5 000 份，每份印制费 0.3 元，共 1 500 元。传单发放费 200 元。
2．抽奖现场用品的制作或租借费 300 元，聘请电台主持人出场费 500 元。
3．奖品费：3 999 元电脑一台，480 元小灵通 3 部，100 元电话机 30 部，20 元电话卡 50 张，奖品共计 9 439 元。
4．抽奖活动费用合计：11 939 元。

📄 操作说明

1．抽奖促销便于企业控制促销费用。在所有的促销工具中，能够事先确定全部活动经费的很少，但是抽奖活动却可以通过事先的经费预算，对所需的全部费用做到"心中有数"。与其他一些促销工具不同，抽奖促销的费用一旦确定之后就大体固定了，不会变动。显然，这对统筹全部促销费用、保证促销的顺利进行是很有利的。

2. 抽奖或其他形式的促销活动，都需要组织广泛而有力的广告宣传活动，以唤起广大公众的注意与兴趣。宣传费用投入的高低，决定着该项活动是否广为人知，直接影响着活动的效果，所以应投入适当的费用进行宣传。

3. 在设计奖品费用时，要综合考虑促销的商品、促销活动的主题以及开展活动的地区与促销费用总预算等诸多因素。同时，也要注意实物奖品往往比现金奖品更能节省奖品费用。因为现金奖品没有打折的余地，5 000 元的奖金就意味着必须要花费超市 5 000 元货币，但提供与 5 000 元等值的实物奖品，超市就可能不必支付 5 000 元货币，因为超市可以利用业务合作关系，以较低价格从奖品供应商处获得奖品实物。

4. 偶然所得按照国家相关法律、法规规定，消费者有义务缴纳个人偶然所得税，并且规定企业有义务代扣、代缴个人偶然所得税。

5. 其他费用。包括表格和其他印刷宣传品的印刷费用，来件的评选处理费用及其他费用如税金、保险费、公证费等。

6. 如何筹集、运用、监控有奖促销活动的费用，也是有奖销售整体策划内容之一。通常超市既可以采用自有资金，也可以与厂商合作或寻求其他赞助等方式来取得资金。

[第七步] 抽奖促销活动的实施与控制

▶ 操作要点

1. 抽奖规则要严格、清晰、易懂、准确。
2. 严格履行抽奖活动承诺。
3. 抽奖活动现场组织。
4. 颁奖与领奖。
5. 抽奖与其他促销模式的组合运用。

▶ 操作内容

1. 在促销活动开始以后，企业必须严格按照规则履行自己的承诺，而不应以任何理由改变规则或不予兑现；否则，不仅损害了消费者的利益，也是对企业形象的极大损害。从长远利益来考虑，这么做是非常不明智的。某一新开张的大型超市，为吸引顾客，开展了一次有奖促销活动。规定凡在该超市购物满 50 元的消费者，均可获得超市发放的一个号码，凭此号码可以参加超市举办的抽奖活动。时间为 8 月 1 日～8 月 15 日，在 8 月 16 日超市门前的广场上现场摇奖。后来为了吸引更多的消费者来参加该活动，超市先后两次推迟摇奖的日期，直至 8 月 30 日才开始摇奖，此举引起了消费者的强烈不满，后被见

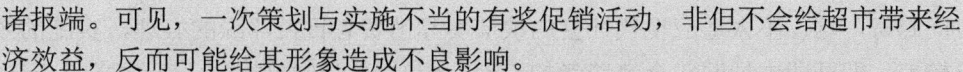

诸报端。可见，一次策划与实施不当的有奖促销活动，非但不会给超市带来经济效益，反而可能给其形象造成不良影响。

2．集中抽奖现场以热烈、友好的气氛为主调。

操作说明

1．在所有抽奖促销活动中，必须重点考虑中奖号码分布的合理性，以保证促销活动能持续进行。具体操作时，大奖应该设两个。如果只设一个大奖并且在促销活动开始不久就产生或在活动快要结束的时候还没有产生，就会使活动失去吸引力，设两个大奖就可以有效避免这种情况的发生。另外，小奖应该量大值低。

2．抽奖活动取得成功的基本保证之一就是有严格、清晰、易懂、准确的奖励规则。由于消费者对有奖销售的具体方式有自己的理解，并且这种理解的差异性很大，这就要求举办单位每次都必须将具体规则公诸于众，并接受公证机关的监督。

3．抽奖活动现场控制是一个重要的环节。组织者必须安排好以下事项。

（1）参加人员各司其职。这些人员包括主持人、促销人员、公证员、保安员。

（2）现场所需各类用具准备齐全，如抽奖用具、桌椅、话筒和音箱等。

（3）周密设计现场抽奖流程。

（4）妥善地保管与发放奖品。

4．领奖时需进行领奖者的身份核对，确保领奖者身份的合法性和真实性。不能参加现场领奖的获奖者，主办方应尽快将奖品以包裹等形式发送出去，或通知其在某一特定时间段内去某地领奖。

5．为了加强抽奖的促销效果，还可以将抽奖与其他促销形式进行组合运用。

（1）抽奖与优惠券组合：消费者参与抽奖活动没有中奖，可以将抽奖凭证作为下次消费的优惠券。

（2）抽奖与集点换物的组合：为弥补消费者未得奖的遗憾，增加活动的吸引力，可将未中奖的凭证累计到一定数量时换取奖品。

（3）抽奖与赠品的组合：此类活动将抽奖由主角转换成配角，赠品变成活动的主角，这种活动也是为增强活动的参与性和吸引力。如 2002 年长春市晚报举办的"阳光征订大行动"，消费者订阅一套全年报纸可获一份礼物，同时还可以参加抽奖获取意外的收获。

五、相关知识

抽奖促销杂谈

1．在实际的操作过程中，抽奖形式主要有回寄式抽奖、即开即中抽奖和连环抽奖三种。从实际的效果来看，回寄式抽奖需要较长的周期，还需要消费者花时间邮寄，这已不太适应现代社会的快节奏和消费者日益浮躁的心理，实施的效果较差；即开即中抽奖符合消费者的心理，即时可以获知结果，简单方便；而连环抽奖则是依靠提高中奖概率来吸引消费者的广泛参与，并在一定程度上可以提高消费者的购买频率。

2．成本相对较低、消费量大、同质化严重的产品最适合于做即开即中抽奖促销活动。在活动中最好设一项以上大奖、众多小奖（视具体情况而定），大奖虽少但能使消费者受到中奖机会的吸引，从而影响他们的购买决策；较大比例的小奖使消费者减少因为未中大奖而对购买行为产生失望的心理。

3．实践证明，如果连续运用即时开奖的促销方式，消费者的回应率将会有逐渐下降的趋势。如果想长期运用这种促销方式，必须不断推出新的奖励内容和开奖方式。只有不断改变促销活动的形式，以强烈的新鲜感刺激消费者，才能充分调动顾客的兴趣。如果再能成功运用事件营销造势，那消费者在第一次活动结束后将急切期盼第二次活动的开展。

4．抽奖活动的最大优势就是：最大限度地满足目标消费群的需求，同时能直接促进销量的提升。眩目的产品广告加上令人心动的"抽奖活动"，使消费者更加关注商品，刺激吸引新老消费者尝试或重复购买。但它也有一些不足之处：事先难于预估参加人数、活动的成效，宣传的费用也较高。

六、典型案例分析

奇特的有奖销售

众所周知，可口可乐饮料是可口可乐公司的传统产品，雪碧汽水则是该公司的新产品，为了使这两种产品在市场上保持霸主的地位，台湾的可口可乐分公司开展了"可口可乐、雪碧红配绿对对送"的促销活动。所谓"红配绿"，就是把可口可乐红色瓶盖与雪碧的绿色瓶盖配对抽奖。这种方法趣味性很强，大受顾客的欢迎，一时间使这两种饮料销量大增。

成功的原因当然不是趣味性所决定的，而主要是由于奖额高，头奖是两辆福特轿车。同时奖励范围又大，中奖率达到20%～25%。奖品都很精致实用，哪怕是小奖品如手提袋之类，也是人们喜爱的物品。再加上广为宣传，使这项促销活动搞得有声有色，家喻户晓。

结果，小小的瓶盖轰动了整个台湾岛，到处都出现找瓶盖兑奖的热潮。有的顾客为了配对，不仅大量购买可口可乐，同时也大量购买雪碧；有的人得到了其中一种饮料的一个中奖瓶盖，就大量购买另一种饮料，以期配对，或千方百计征询另一个瓶盖在何方,甚至在报上登载"征盖启事",高价收购。

当获奖者兴高采烈地拿着奖品走出兑奖处时,往往还引起路人的围观,客观上形成了对促销活动最有效的宣传,于是又掀起了购买饮料的热潮。

据统计,这项促销活动开展后,雪碧汽水在市场的占有率达12%,比开展促销活动前提高了一倍。

案例分析:

台湾可口可乐分公司有奖销售活动的成功主要基于两点:

1. 采取了与众不同的有奖销售办法。"可口可乐、雪碧红配绿对对送"就其本质而言还是一次即开即中式抽奖促销活动。这种方法趣味性很强,大受顾客的欢迎。

2. 奖额高,头奖是两辆福特轿车;同时,奖励范围又大,中奖率达到20%~25%。奖品都很精致实用,是人们喜爱的物品,能引起消费者的兴趣。再加上广为宣传,使这项促销活动搞得家喻户晓。

七、实践练习

海口通信城开业抽奖促销活动实施方案

海口通信城是由海南移动组织经营的一个以手机为主题的专业化售卖场所,开业之初,为提高通信城的知名度,同时吸引消费者购买手机,经营者准备利用

 促销管理技术实训

人们的博彩心理举办一个抽奖促销活动。

请你为他们设计一个活动实施方案，并注意考虑下列问题：
1. 了解抽奖促销的目的。
2. 确立抽奖促销活动的主题。
3. 根据目的和主题，安排本次活动的内容。
4. 确定抽奖规则。
5. 抽奖活动公告的设计与发布。
6. 奖项设置，选用什么样的奖品可以吸引更多人气？
7. 抽奖活动的费用预算。
8. 抽奖促销活动实施与控制。

实训项目 6

有 奖 竞 赛

一、实训要求

1. 了解有奖竞赛活动的原理和内容。
2. 掌握组织有奖竞赛的基本方法,包括设计套路、需要考虑的问题、注意的细节、方案的格式等。
3. 了解有奖竞赛的特点、作用及形式。
4. 会分析一个有奖竞赛促销活动的长处和不足。
5. 能根据一个实际场景写出有奖竞赛活动的实施方案。

二、概念陈述

有奖竞赛"赢"了消费者的心

竞赛是一种利用人们的好胜、竞争心理,请消费者运用和发挥自己的才华、能力和智慧(当然也有运气)去解决或完成某一特定问题、赢得丰厚奖励的活动,如请消费者设计广告语、为产品命名、回答问卷、猜谜、对对联、玩转盘等。在举办竞赛活动时,一般要提供购物凭证或具备某些条件时才可以参与该活动。主办者依参与者的水平优劣或摇号选出优胜者,颁发不同奖品。

有奖竞赛是一种使用了很久的促销形式,但它至今仍然发挥着积极的作用。这种活动虽然有时与企业的商品销售或服务不直接挂钩,但这种活动的影响力是相当大的,它的潜在效应不容低估。

有奖竞赛能使顾客产生较大的兴趣,如果奖品有吸引力,则其兴趣更大。当顾客必须提交购物凭证才能参赛时,有奖竞赛就能直接推动销售;当不以购物作为参赛的必要条件时,由于有奖竞赛的内容、答案、奖品或竞赛活动名称往往与促销商品密切相关,并且参赛者众多,有利于通过大众传播媒介进行报道,这样,有利于提高产品或企业的知名度，传播产品或企业的知识和优点，起一种广告的作用，并且比广告更能吸引顾客。

三、情景导入

万人竞登黄鹤楼

1998年底，普泰口服液（以下简称普泰）湖北总代理吴总明显感到了市场的压力。1997年7月，他正式签订了普泰湖北的总代理协议。经过一年多的努力，取得了很大的成绩，在普泰全国经销商中属于名列前茅的人物。

1998年10月，溶栓胶囊进入武汉市场，投放力度较大，销量增长很快。为了抵御溶栓胶囊的冲击，吴总加大了在武汉市场的广告投放力度，溶栓胶囊的电视广告前后，均有普泰的广告，把溶栓胶囊的广告加在中间，而且在长度上也超过了溶栓胶囊。

尽管这样，普泰市场销量基本上没有增长，市场进入了饱和期。而且经过一年的努力，武汉市场的月销量占全省的90%以上，而湖北二级市场的销量却一直没有起来。

保健品都有一个生命周期,难道是普泰真的走到了尽头?而且普泰还面临着一场广告风波。为普泰主持电视专题《健康的呼唤》的其电视台主持人严正声明普泰侵权一事,各地媒体也纷纷转载,造成一定的负面影响。

在这样的情况下,吴总不禁萌生退意,透露出准备削减对普泰投入的意思。

吴总的这种思想波动让普泰的生产厂家——山东某保健食品有限公司感到非常焦急。一方面,湖北普泰的销量在全国总销量中占有较大的比重;另一方面,吴总的很多朋友也在做普泰产品,而且也遇到了类似的问题,一旦产品撤出湖北市场,其他的市场很可能也跟着退出,普泰将会一蹶不振。公司老总亲自做吴总的工作,并答应提供支持,帮助武汉搞一次较大的促销活动,准备在 1999 年元旦搞一场大型讲座,请一些重量级的专家出席活动。

公司企划部接到任务,为该大型讲座做一个详细计划,并承担相应的准备工作。公司企划部策划员×××提出自己对这次活动的见解:首先,讲座虽然能靠专家讲解和推荐树立产品的权威形象,直接说服患者购买产品,但由于这方面的讲座太多,不一定能引起患者的兴趣;其次,活动讲究"前期准备,中期操作,后期造势",而单纯的讲座就像商品展销会,将赤裸裸的商业目的暴露在消费者面前,没有什么值得宣传的地方,不利于后期造势。由于他对武汉的地理比较了解,因此提出了"普泰康复者登黄鹤楼比赛"的设想。

四、实景训练

有奖竞赛活动的策划及实施过程如图 6-1 所示。

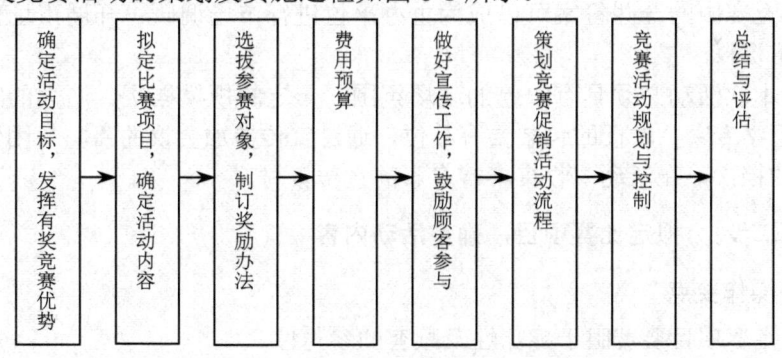

图 6-1 有奖竞赛活动的策划及实施过程

[第一步] 确定活动目标,发挥有奖竞赛优势

➡ 操作要点

1. 有奖竞赛活动比较有吸引力,规模便于掌握,费用较少且可控性强,

同时可以帮助进行市场调研。

2. 有奖竞赛活动应能充分发挥上述优势。

▶ 操作内容

在本案例中,"普泰康复者登黄鹤楼"活动的目的是:

1. 要让患者及家属通过聆听专家讲座对心脑血管疾病及自身产品有一个更深刻的认识,把这些服用者培养成公司产品的坚定支持者,对自身产品的推广给予积极配合。

2. 通过渲染讲座和登楼现场场面广造声势,使那些未参加活动的目标消费者亦能加深对普泰品牌的印象,感受到产品的可信性。

3. 展现康复者的风采,促进现场销售。

▶ 操作说明

1. 目前广告太多、太滥,一般的广告很难引起消费者的注意,更不用说引起消费者的兴趣了;但有奖竞赛能有效地吸引顾客,通过竞赛内容、答案、奖品或竞赛活动的命名巧妙地宣传产品和品牌,对消费者的鼓动性较大,其效果比一般的广告要好。

2. 一般说来,有奖竞赛活动只要准备好奖品,规定好参赛规则并进行宣传后,剩下的工作就是评选答卷和颁发奖品了。

3. 有奖竞赛活动的主要开支就是奖品的费用、广告费用和评选获胜者的费用。竞赛的费用一般可以事先确定,这对于主办单位进行预算是很有利的,不像其他促销方式,事先很难确定活动的经费开支。

4. 竞赛中的一些答案可以成为主办单位进行市场调研、开展市场营销活动的有用资料。

5. 本次活动必须具有浓厚的现场氛围、一定的规模档次、浩大的宣传造势,对医学专家、教授的包装要有品位,通过宣传参加会议的嘉宾、团体来抬高会议的档次,在活动中收集丰富多彩的宣传素材。

[第二步] 拟定比赛项目,确定活动内容

▶ 操作要点

1. 竞赛项目要着眼于趣味性及顾客的参与性。
2. 确定促销活动内容。

▶ 操作内容

1. 活动名称及时间。由于拖延了一段时间,元旦举办活动已经来不及;春节将至,时间也不能太晚,因此定在 1999 年 1 月 16 日(星期六)。考虑到活动是 1999 年 1 月举行,将活动名称定为"1999 普泰康复者竞登黄鹤楼",后

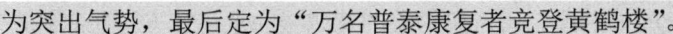

为突出气势,最后定为"万名普泰康复者竞登黄鹤楼"。

2．活动内容。活动当天,上午举行"湖北普泰受益者代表大会",主讲专家由山东某保健食品有限公司邀请,拟邀请全国心血管病防治办公室副主任、心血管病权威洪昭光教授,解放军药品评审委员会副主任马剑文教授,其他专家由湖北代理公司负责邀请。下午举办登楼比赛,将对康复者登楼的场面进行全程摄像,以便于制成电视专题。全天在黄鹤楼公园举行 14 项心血管指标免费检测(当时还没有 32 项检查)、义诊。由于普泰口服液是解放军二五二医院的研究成果,为了充分借助群众对解放军的信任,义诊专家全部邀请军医。

3．武汉市民免费游黄鹤楼公园。当时黄鹤楼公园的门票较贵,公司向黄鹤楼公园管理处预先支付一些费用,使市民持报纸广告无需买门票便可登黄鹤楼,因而可以将大量的中老年人吸引到活动现场。

操作说明

1．竞赛活动通过提供奖品鼓励顾客参加特定比赛从而吸引购买人群,因而活动项目应富有趣味性和广泛的参与性。

2．竞赛活动项目本身必须具有想象力、有高尚趣味、与广告商品贴切吻合,且能加强品牌形象。

3．在促销的各种工具中,竞赛的方式最为繁多。它可以使经营者的创造力得到充分的发挥,使促销活动进行得多姿多彩。比如,在店内或通过媒介开展各类游戏活动让消费者参加,如母亲节画妈妈比赛、卡拉 OK 比赛、猜谜、填字等,以吸引消费者注意店内的商品和销售活动;或由企业印制或通过新闻媒介刊登有关企业及所售商品的知识问题征求让消费者回答问题,以加深消费者对企业的印象及其所出售商品的了解,扩大销售量;或征求企业的广告词、店歌、店徽等;或使消费者参与企业的销售工作,从而加深对企业的认同感。

4．在设计竞赛形式时,一定要注意活动的趣味性和比赛难度的适宜性,同时,还要注意竞赛规则的可行性和安全性。所以,它的设计工作较为复杂,管理工作也比较困难,加上参与者、获奖者可能与购买超市商品没有直接关系导致目标顾客的针对性不强,这就要求活动必须精心策划、周密准备,方能取得最佳的效果。

5．本案例中,康复者登黄鹤楼比赛的妙处在于:

(1)康复者登黄鹤楼,可以巧妙地、直接地展现产品的功效特点。普泰口服液针对的是心脑血管病患者群,这些人由于冠心病、脑血栓、偏瘫等疾病危害,行动不便,如果服用普泰口服液后能够参加登楼比赛,将让广大的病患者亲眼看到普泰的神奇效果。很多产品让患者代表登长城也出于此意。

(2)活动与当地实际情况相结合,能够很巧妙地借助当地的一些人文或历史景观。黄鹤楼位列中国四大名楼之首,雄居蛇山之巅,俯瞰江汉,气势磅礴,在湖北乃至全国都有相当大的知名度。唐诗所描绘的黄鹤楼的意境让人浮想联翩，全国不知道黄鹤楼的人大概寥寥无几。很多乘客一到长江大桥，莫不争相观看黄鹤楼。与这一历史文化名胜相关的促销活动必将得到广大消费者的高度关注。

（3）竞登黄鹤楼活动的目的是展现康复者的风采，由于参加者绝大多数为中老年人，登楼竞赛只能是象征性的，不宜以输赢为目的。只要康复者能有一部分登上黄鹤楼，就可为以后的宣传造势。这个活动前期能引起关注，后期能够造势，必将起到轰动效应，推动普泰春节期间的消费增长。

（4）登楼与保健品促销经常采用的专家讲座并不矛盾，可以先讲座后登楼，两不误。

[第三步] 选拔参赛对象，制订奖励办法

➲ 操作要点

1. 识别潜在目标消费者。
2. 设计与控制消费者参与有奖竞赛活动的门槛，制订参赛对象的选拔方案。
3. 结合参赛对象的特点合理设置奖项，制订评奖或摇奖办法。

➲ 操作内容

1. 征集康复者代表的注意事项如下。

（1）本次活动拟征集康复代表 200 名，每人允许 1 位家属陪伴（外地患者路途较远，有老伴或子女陪同，患者也愿意参加），参加者共计 400 人。

（2）要求全省各地市场都要有代表出席。

（3）会议发言代表 4 名：高血压康复者 1 名，冠心病康复者 1 名，脑血栓康复者 1 名，偏瘫受益者 1 名，表示普泰在此四方面的显著成绩。发言者要选择服用时间较长的康复者（两个疗程以上），这部分人的情况比较稳定，对产品信心大。新服用者即使效果好，但对服用过程中的反复性体会不深，代表性不强，其表现情况不利于正确引导大多数消费者；开始效果不明显、服用一段时间后逐渐好转的病例是理想人选，在实际治疗过程中颇具代表性，能增强新服用者的信心。

（4）征集方式。一是要求各二级市场负责人根据历次义诊、回访所掌握的典型病例，将其详细情况整理上报工作组，经工作组审核批准参加大会，并动员患者在会上讲述情节感人的病例；二是在大众媒体上发通告，号召服用普泰效果良好的患者参加大会和登楼比赛，目的是吸引广大消费者关注活动，对回应者进行登记和回访。

2. 制订登楼有奖竞赛活动规则：采用计时制。康复者代表可以由家属搀扶，登上顶楼用时少者胜。奖励方法：用时最少的 10 人获一等奖，奖同济医院全身常规体检套餐券一张;其次 20 人获二等奖,奖电子血压计一只;其余人员全是三等奖,奖普泰产品 50 元代金券。因为竞赛重在趣味性,奖品价值不能相差太大,以免激起老年人争强好胜的心理而发生危险。

📖 **操作说明**

1. 经验证明,竞赛活动获奖者太多,往往会引发一些纠纷和问题。有经验的组织者和主办企业认为,竞赛活动的获奖者最好不要超过 100 个。

2. 设计与控制消费者参与活动的门槛是有奖竞赛这类活动取得成功的关键点,门槛太低,入不敷出,活动要亏本;门槛过高,太理想化,达不到预期效果。组织者应通过费用核算,设计合理的活动区间,让更多的消费者能参与活动,不至于望"奖"兴叹。

3. 参赛对象的选拔可以通过事先报名、知识问答或闯关游戏等方式进行。本案例中,我们要求病例必须真实,各地市场通过持续跟踪观察,确定了出席会议的代表和发言患者名单。对将在会议上发言的代表要重点引导,除了病情典型外,语言表达能力还要强。

4. 应规定主办企业及其聘用的广告公司或促销公司的工作人员及直系亲属,不得参加该活动,以避嫌疑。

5. 竞赛的评判标准应明确、公开,答案应有明确的对错标准;甚至可以提供相关参考资料,以利于竞赛者的顺利参与。

6. 如需抽奖则要事先明确抽奖办法与程序。

[第四步] 费用预算

➡ **操作要点**

对竞赛活动费用作预算。

📚 **操作内容**

1. 讲座及登楼有奖竞赛费用包括以下几部分:
(1) 主讲专家和义诊专家酬劳费 6 400 元。
(2) 支付给黄鹤楼公园管理处的场地使用及门票费 10 000 元。
(3) 有奖竞赛活动宣传、广告费 10 000 元。
(4) 讲座会场使用费 3 000 元。
(5) 就餐费和从会场到公园的交通费 5 000 元。
(6) 奖品 30 000 元。
(7) 其他费用 2 000 元。
合计 66 400 元。

2. 本次活动在代理商的市场范围内开展,而活动的策划和组织费用主要是由普泰生产厂家来承担，代理商与生产商相互支持、相互配合，共同筹备这次大型活动。

操作说明

1. 有奖竞赛活动费用包括竞赛项目开发设计与宣传费用、奖品费用、竞赛现场用品用具费用、竞赛活动场地使用费、有关组织管理人员工资劳务费用等。

2. 有奖竞赛活动社会影响面大，也是行业相关厂商、地域相关厂商宣传自己、扩大影响的好机会。对主办方而言，争取协办厂商的支持不仅可以减轻自身的经费负担，而且有助于竞赛活动的完善，吸引更多的活动参与者，提升企业形象。

[第五步] 做好宣传工作，鼓励顾客参与

操作要点

1. 拟订有奖竞赛启事。
2. 发布有奖竞赛启事和竞赛试题。
3. 用广告宣传单、海报及现场广播等方式扩大宣传，鼓励顾客报名参加。

操作内容

在本案例中，竞登黄鹤楼活动宣传的要点主要包括以下内容。

1. 电视：在湖北卫视、湖北四频道、湖北有线综艺台、武汉有线综艺台、武汉 38 频道等当时正播出产品电视专题的时段密集播出字幕预告，每台每天至少播出 4 次以上。

2. 广播：与电视同期安排，在湖北经济广播电台和楚天广播电台广告专题时段播出预告。

3. 报纸：1 月 14 日在《长江日报》、《武汉晚报》、《楚天都市报》各发 1 次 1/4 版广告。

4. 制作邀请函：免费游园邀请函设计精美，由铜版纸制作，正面上方印有"邀请函"字样，下方是万人竞登黄鹤楼活动竞赛启事，背面附有普泰免费游览黄鹤楼知识竞赛问卷。

5. 夹报投递邀请函：在 1 月 14 日将邀请函夹在上面的 3 种报纸里传递给读者。

6. 宣传车：1 月 14、15 两天出动八辆宣传车（江南 4 辆奔赴武昌、江北 4 辆奔赴汉口、汉阳）在全市主要街道、居民区巡回宣传，车前、两侧广告牌预告活动内容，宣传车包装要独特、新颖、大方。宣传词为：热烈祝贺湖北省普泰康复者代表大会 1 月 16 日召开！热烈祝贺万名普泰康复者竞登黄鹤楼活动举行！

7. 派发邀请函：提前一周派人在市内主要地方，如武汉商场、中南商业大楼、中山公园、东湖公园、动物园附近散发给游人和晨练的老年人。

操作说明

1. 有奖竞赛启事应包括以下内容：
（1）活动宗旨。
（2）活动主办、承办方。
（3）活动时间。
（4）活动内容。
（5）参赛对象。
（6）奖品设置与获奖人数。
（7）竞赛形式。
（8）活动规则。

2. 竞赛启事和竞赛试题拟定完成后，应选择适当途径进行发布。常用的发布途径有：
（1）柜台领取。
（2）街头散发。
（3）网上公布。
（4）专项投递等。
选择时应充分考虑到潜在参赛者的生活习惯、消费习惯和地域分布等因素。

3. 普泰免费游览黄鹤楼知识竞赛问卷。

欢迎您参加普泰公司举办的黄鹤楼公园免费游览、军医义诊活动，您需要回答下面的题目方可在1999年1月16日进入黄鹤楼公园。请在您认为正确的答案处划"√"。谢谢！

1. 普泰是哪家医院的研究成果？
□ 解放军二五二医院　　　　□ 同济附属医院

2. 普泰正式进入武汉市场是在哪一年？
□ 1997　　　□ 1998　　　□ 1999

3. 心脑血管指标检测共多少项？
□ 5项　　　□ 14项　　　□ 32项

4. 普泰对哪些病症效果显著（可多选）？
□ 高血压　　□ 冠心病　　□ 脑血栓　　□ 偏瘫
□ 慢性胃炎　□ 感冒

5. 您是从哪里知道"普泰"的？
　□ 朋友介绍　□ 医生推荐　□ 广播、电视　□ 报纸

```
┌─────────────────────────────────────────────────────────┐
│  □ 宣传车        □ 邀请函                                │
│           您的个人信息（可请家人代填）                   │
│   姓名：_____  年龄：_____  性别：_____   │
│   身份证号码：_____             │
│   电话号码：_____             │
│   通信地址：_____             │
└─────────────────────────────────────────────────────────┘
```

[第六步] 策划竞赛促销活动流程

▶ 操作要点

1. 安排好各项活动的顺序。
2. 准备好人员、设备等各种资源。
3. 把握好各个环节的转换与衔接。

▶ 操作内容

本案例中，竞登黄鹤楼现场活动流程如下：

7:30，会务组到达讲座现场，检查会场，调试好灯光音响设备。所邀媒体人员准时到场，做好采访准备。

8:30，有关被邀请嘉宾、康复者代表及家属陆续进入会场。由于来的患者太多，可容纳五百多人的会议厅挤得满满的。

9:00，主持人宣布大会正式开始。公司领导介绍举办本次会议的原因，感谢广大患者对普泰产品的信任，政府部门领导祝贺患者得到康复，并对普泰寄予期望。省健康教育所介绍本省心脑血管病发病情况及政府采取的一些措施。

9:30，康复者代表发言，每位代表发言控制在 5 分钟左右，每位代表发完言后，主持人请医学专家对发言代表的病情及经验进行点评。

10:00，专家开始讲座。专家的讲座新颖、幽默风趣，赢得了大家的阵阵笑声和掌声。

12:00，开始午餐，大家统一在指定餐厅就餐。

13:20，集体乘坐 8 辆公共汽车去黄鹤楼公园。

14:00，登楼活动正式开始，公司领导致开幕词，并举行剪彩仪式。然后将康复者分成 8 组，在礼仪小姐的引导下，走向黄鹤楼，开始登楼竞赛。脖子上带着大大的鲜红"代表证"的康复者成了真正的明星，看热闹的人群围着他们，一些患有同样疾病的人则急于向他们打听服用普泰的情况是否真有效。

16:40，登楼活动结束，公布竞赛名次，向一、二等奖获得者颁奖，其他参加登楼的康复者凭代表证领取三等奖奖品。

17:30，主持人宣布登楼竞赛活动圆满结束，组织康复者代表离场。

📄 **操作说明**

1．由于存在各种各样的干扰或策划本身的缺陷，竞赛活动现场难免会出现一些问题或小插曲，比如进程缓慢、领奖者找不到身份凭证等，解决问题的关键在于及时应变。这时活动主持人和组织者就要当机立断，进行调整。不能让这些小问题影响了活动的正常进行。

2．对竞赛活动中一些重要场合或环节，最好请公证员监督公证，以示公允。

[第七步] 竞赛活动规划与控制

➦ **操作要点**

1．落实竞赛活动前的各项准备工作，分头实施。
2．活跃竞赛场地气氛，确保活动达到预期效果。
3．发现问题，及时采取措施，保证活动正常进行。
4．树立风险意识，提高意外事件处理能力。

📋 **操作内容**

本案例中，组织者是这样进行竞赛活动的规划与控制的：

1．组织分工：活动前，对参加活动的工作人员进行了分工，确定了每组的成员和负责人，并进行了人员培训，确保每个环节都有人负责。

指挥部——全面安排指挥活动的各项事物。

会务组——负责大会的服务、午餐、医护人员安排等。

接待组——负责接待特邀嘉宾和康复者代表。

新闻组——负责联系、协调新闻媒体人员的现场采访，并自己做好现场采访。

综合组——负责对外联络、协调、所需物品的供应等杂务。

宣传组——负责会场拍照、采访、终端宣传品布置和维护、发放宣传单以及向围观群众解说等。

登楼竞赛组——负责登楼竞赛事务。

义诊组——负责公园义诊组织、接待义诊的军医大夫、维持秩序等。

2．落实场地：由于黄鹤楼公园面积狭小，除了外地游客，平时光顾的本地人并不多，所以门票较贵。经过商谈，公园管理处同意公司交一定费用，凡持报纸广告者可以免票入园。此外，还包括开讲座的会场的落实。

3．讲座会场和黄鹤楼公园的布置：仔细观察讲座会场和黄鹤楼公园的环境，确定哪些地方可以作剪彩区，哪些地方作义诊区，哪些地方作服务区，哪些地方作产品售卖区，怎么挂横幅、设拱门、写什么内容等。

4. 新闻采访：邀请当地主要媒体的记者现场采访公司领导和康复者代表，特别是要组织好电视台现场录像，提升企业形象，进行产品宣传。

5. 现场直播：邀请楚天经济广播电台进行现场直播，扩大讲座和登楼活动的影响。

6. 针对突发事件的应对措施：

（1）实际上登楼竞赛只进行了一轮，由于黄鹤楼上有很多游客，登楼很花费时间。很多外地来的康复者也是第一次到黄鹤楼，感到处处新鲜，四处乱逛，不听指挥。这样下去，活动会延时太长，活动指挥部紧急磋商，果断取消了比赛，宣布大家可以自由登楼。

（2）上午由于来免费游园的人太多，大约有7 000人左右，黄鹤楼公园一度关闭大门，禁止入内，群众情绪波动，公司紧急和管理处协调，才使活动得以顺利进行。

操作说明

1. 现场活动在不同形式的有奖竞赛中的重要性往往是不同的，大规模的有奖知识竞赛甚至不需要现场活动，通过网上回答就可以参赛。而产品宣传、销售竞赛就需要有安全、有序、热烈的现场活动，从而产生预期的促销效果。

2. 组织现场竞赛活动，要事先进行周详的策划，包括活动内容和流程安排。事前筹划越周到，现场组织越容易，活动效果也就越好。

3. 举办大规模竞赛现场活动前，主办企业应事先向有关部门确认所有的活动内容完全合法，以免活动进行中出现麻烦。可以向律师、公证处或工商行政管理局咨询，必要时请有管辖权的城管、环保、工商局审批活动方案。

[第八步] 总结与评估

操作要点

针对活动的几个目标的实现情况进行总结和评估。

操作内容

"万名普泰康复者竞登黄鹤楼"活动总结和评估：

1. 由于操作大型活动的经验和能力不足，本次活动搞得异常混乱，场面数次失控。原因如下：

（1）人员执行不到位，按照要求所有人员必须在15日上午9点前到达，但很多人直到下午17:00还没到，影响了工作的分配。

（2）活动前员工培训讲解不系统，未能使大家了解全局，明白自己负责活动的哪一个具体环节；未能进行全员演习，全部人员仓促上阵，甚至出现了组长找不到组员的情况。

（3）由于二级市场来的代表人数严重超过计划数目，使得各项工作尤其是午餐及交通调整较大。
　　（4）对登楼的实际困难考虑不周，使登楼竞赛未能按计划进行。
　　（5）活动工作人员不足，排兵布阵捉襟见肘，突发事件无法及时沟通与处理。比如，由于准备不足上午出现了3次断货，当时的通信设备也发生了故障，时常联系不上负责送货的员工，最长的一次断货时间近一个小时，很多患者没有耐心等待而选择离开，损失了很大的销量。
　　2．但从实际效果看，活动仍然可以说是基本上达到了目的。
　　（1）上午的代表大会基本上是按议程进行的，未出现明显的混乱。
　　（2）下午的活动尽管混乱，但并未出现令消费者不满的事情。
　　（3）剪彩仪式及直播也按预定进行，尤其是后期录音录像素材的剪辑达到了预期效果。
　　（4）从活动销售以及活动后对销售的提升来看，这次活动的作用非常明显，增强了全国经销商的信心。

操作说明

　　1．竞赛活动后，主办企业应该把竞赛答案或竞赛结果广而告之，这实际上是一种很有效的广告宣传，因为这些答案通常是介绍促销商品的主要优点。
　　2．想要提高水平，总结是很必要的。活动执行完毕后，应召开总结会，分析出现的问题，总结经验的教训。
　　3．对活动的评估，一般是以活动期间的销量和活动结束后一个星期的销量作为依据来判断活动的效果。除了这些可能还有意外的收获，比如品牌获得广泛的知名度和良好的美誉度，增强经销商的销售信心等。

五、相关知识

有奖竞赛的特点

　　1．有奖竞赛活动是培养新用户、巩固老用户的一种促销方式，参与者必须通过技巧、思维、判断力在竞赛中获胜才能得奖。有奖竞赛活动同时也是与消费者对话的有效方式，是树立品牌、加强品牌与消费者之间沟通的方式。
　　2．有奖竞赛仅仅只是一种形式，把奖品送给那些表现突出的参与者，目的是吸引目标消费者，引起人们对品牌、产品、促销活动的注意。竞赛不是能力考试，所以出的问题一定要清楚简单，同时还需做得快乐有趣，让目标人群从中得到快乐。儿童永远对竞赛活动充满兴趣，与儿童有关的企业，不妨多运用这种手段，但奖品最好不要使用现金，可用该品牌的产品或优惠券作为奖品。
　　3．在当前市场上，促销活动几乎成为各行各业拉动销量的最有效的利器，但是促销方式却越来越同质化,消费者对绝大部分的促销活动已司空见惯。许多企业在促销上也是江郎才尽、缺乏创新,没有新意的促销必然演变为变相的价格战。其实有奖竞赛的活动方式多种多样,需要在创意上不断突破。

有奖竞赛的作用

1. 有奖竞赛活动影响的人数要远远多于最终参加竞赛的人数,吸引潜在消费者的注意是有奖竞赛活动的目标之一;而购买产品的顾客即使不参加竞赛活动,但仍能通过活动有效地提高他们对产品的认知、兴趣,增强对品牌的忠诚度。

2. 有奖竞赛是企业根据自身的销售现状、产品的特征、消费者的情况,通过给予奖励的刺激来引起消费者的注意,促进消费者参与活动,最终达到让消费者购买产品的目的。同时,竞赛的形式多种多样,奖励的奖品种类繁多,奖励的幅度有大有小,所以,有奖竞赛是一种较为灵活的促销形式。

3. 一个规划完善,执行周密的有奖竞赛活动,不仅能引起消费者的兴趣,更能促成销售量的增加,经销商、特别是零售店也会对此活动热烈响应,与生产商共享促销成果。所以,有奖竞赛是鼓励零售点扩大铺货量的上策之一。

有奖竞赛的形式

1. 答卷竞赛。答卷竞赛要求参赛者根据促销商品广告或使用说明书填写答卷,对优胜者给予奖励。问题越简单,参加的人就越多,企业开展这类有奖竞赛的目的是希望顾客能通过回答问题,知道甚至记住这个品牌。这类竞赛的参加者无需以购买为条件,因此是单纯以品牌宣传为目的的竞赛活动。企业如果通过这个方法让顾客试用产品,就可以扩大潜在的消费群体。此类竞赛方法还有:排出顺序竞赛,要求顾客依据重要性或优劣等级为某些事物排列出相应顺序;回答问题并造句竞赛,让顾客回答2个问题,并用至少5个字进行造句;找出不同点(或相同点)竞赛,让顾客从甲、乙两张商标或卡通画中找出其中的不同点(或相同点);命名(译名)竞赛,让顾客为产品命名。

2. 收集产品包装的竞赛。这是顾客通过收集产品包装来参与的竞赛活动,以收集包装的多寡来决出胜负。毫无疑问,这类竞赛有利于产品的销售,只要奖品具有一定的吸引力,就会刺激顾客重复消费相关产品,以便收集包装参与竞赛。收集产品包装(如瓶盖)的竞赛虽是一种常用的促销手段,但要把握好并非易事。要开展此类活动的企业,务必注意不能让收集包装的顾客失望。

3. 体育竞赛。体育竞赛即通过体育竞技来开展竞赛活动,也比较容易吸引目标顾客参与。参与者既参加了竞赛,又锻炼了身体,一举两得。这样的活动也容易增加该品牌在目标消费群体心中的好感,提升品牌形象。

4. 智力竞赛。此类竞赛活动的难度稍大,需要顾客发挥自己的聪明才智,体现自己的创造力,获奖的评价也是以作品的创造力水平为标准。此类活动着重于品牌形象的树立，活动的目标对象定位非常明确。这类活动并不直接要求顾客购买商品，而是将重点放在目标顾客的参与方面，更能增加产品的亲和力，缩短与顾客之间的距离。此类竞赛形式很多，策划者可以充分发挥创意，如开展征文比赛、猜谜比赛和书画竞赛等。

5. 征集广告语和建议的竞赛。这是以品牌建设为目的的竞赛活动，企业既可以通过诚心征集得到理想的广告语和建议，又能扩大产品和品牌的影响。不过，更多的企业是醉翁之意不在酒，以征集广告语和建议为辅，扩大影响为主。比如，"昂立一号"保健品花费重金所征集到的"我健康的家住在昂立一号"的广告语，并未见企业在此后的宣传中广泛使用。征集广告语和建议一般不以购物为前提，因此其最大的不足是参与者与产品的目标顾客相关性不大。所以，企业如能针对目标顾客来开展征集广告语和建议活动，也许会使活动更加有效。

6. 需要一定天赋的竞赛。这类活动并不适合普通群众广泛参与，而需要具备一定天赋的顾客才能参与。以年轻人为目标对象的公司会比较喜欢举办这样的活动，期望在年轻人中间创造一定的品牌风格和消费时尚。企业策划这类活动的主题若能抓住顾客心中的愿望（如过一把明星瘾），就比较能够引人注目。如崇拜港台影视明星的年轻人很喜欢模仿明星的行为，明星用的产品自然也能拨动崇拜者的心弦，如果自己能参与表演，更有星梦成真的快感。因此，诸如模仿秀、选美比赛、广告明星等竞赛活动就应运而生了。

7. 产品消费竞赛。这是一种以使用或消费产品多少为标准的竞赛活动，主办企业旨在通过产品消费竞赛活动扩大产品的影响。比如，各类啤酒节上往往有喝啤酒比赛的传统项目。这类竞赛如能设置一定的条件，争取更多的顾客参与，就可能引起轰动效应。不过，这类竞技应特别注意活动的秩序和安全，否则将可能违背企业的本意。如有的企业开展的吃面、吃粥比赛，参赛者稍有不慎即会出现噎食现象，危及人身安全。这也是不少人对此类活动颇有微词的原因所在。

六、典型案例分析

MOTO 来真的

手机厂商的促销送礼活动就像是家常便饭，一波接一波，平时送的礼品有价值几十元的也有价值几百元的，可是很少有把价值不菲的汽车当成礼品的，而MOTO 公司（摩托罗拉公司）就敢送，并且送的不是一般的车，是很多人梦想的BMW（宝马），这次 MOTO 公司看来是来真的了。

摩托罗拉公司于 2004 年 4 月~6 月在全国两百余个城市举行名为"MOTO 来真的"有奖知识竞赛，活动总共会送出 8 辆国产宝马 3 系 318i 轿车，凡年满 18 岁的中国公民均有机会参加。初赛采用问卷形式，竞赛时间分两轮进行，第一轮从 4 月 22 日～5 月 9 日，第二轮从 5 月 10 日～5 月 23 日，届时总决赛将在北京举行。决赛者是从 5.5 万余名参赛者中抽选出来的，活动全程由长安公证处监督公证。

获得参赛资格十分简单，到摩托罗拉专卖店索取一份免费的初试问卷，填写正确答案即可。摩托罗拉官方说明凡年满 18 周岁的中国公民都拥有参赛资格。而且初试问卷是完全免费，不需要通过购机来换取。

在"MOTO 来真的"有奖知识竞赛决赛开赛的前夕，MOTO 公司为给大家在节日期间多一份惊喜、多一份礼物，于是又增加了一轮竞赛——"五一节意外惊喜有奖知识竞赛"，这意味着又多了 1 名获得国产宝马 318i 轿车的幸运者。5 月 4 日下午北京总决赛的现场，从全国 4 个省市来京的 4 名参赛者中，经过了两轮闭卷知识问答决出了 1 名宝马轿车的得主。

5 月 23 日，正式迎来了第一轮竞赛的总决赛，来自广东、北京、四川和新疆等地的 16 名参赛选手，经过紧张的阶梯式答问卷，当场决出总积分前 4 名的优胜者，并各赢得宝马轿车一辆。

6 月 6 日下午 1 点，北京丰台体育彩票中心内上演一场名为"MOTO 来真的" 2004 摩托罗拉有奖知识竞赛第二轮总决赛暨《娱乐现场》五周年特别节目。

特别节目由光线传媒三位风格各异的主持人李霞、索妮、肖捷联袂主持。首先由刚刚从全国全能娱乐节目主持人大赛中脱颖而出的光线《体育界》、《娱乐中心》新主持——肖捷，手持摩托罗拉新款手机与现场观众做互动游戏开场，主办方想出了让肖捷"抛绣球"的绝招。这位主持人背过身将手上的绣球随意抛给场上的观众，让得球者上台回答一个问题，如果回答正确，那款摩托罗拉手机即归他（她）所有。紧接着，香车配美女的经典画面出现，光线传媒的两位当家主持人李霞、索妮乘坐宝马车靓丽登场，现场一下进入了高潮。一番简单的开场白之后，当天参赛的 12 名选手终于在现场 200 位观众的期待中亮相了。

比赛正式开始前，为了缓和竞赛的紧张气氛，在乐坛非常有自己特色的红樱束乐队为观众带来一段精彩的表演。随着乐队音乐声落下，"MOTO 来真的"知识竞赛正式开始，整个竞赛分成四轮进行，提出的问题几乎涵盖各个领域，娱乐、艺术、民俗、历史、地理，以至饮食和生物等方面均囊括在内，参赛者必须机智与冷静并重，方能过关斩将。这些所提问题的最大特点就是趣味性很强，让大家充分体会到"生活就是娱乐"的理念。每一轮知识竞赛结束后都穿插了互动游戏的环节，现场被抽中的幸运观众在通过游戏后都能得到厂家送出的摩托罗拉手机。如此诱人的奖励让现场观众的参与热情极其高涨。除此之外，由 4 个青春美少女组成的中国辣妹组合也在现场带来了她们新专辑的主打歌曲《24 小时》，她们在台上热力四射的劲歌热舞为这场活动增添了青春动感与时尚气息。

最后，4 名获奖者上台接受主办方的颁奖并领取 4 辆崭新宝马车的钥匙，在主持人开启的香槟和全场的祝贺声中,他们激动地当场在台上拨通与亲人的电话,把这个绝对难忘的瞬间与最亲密的人分享。然后,4位幸运儿分别坐上自己的宝马车离场,活动圆满结束。

附:MOTO来真的活动规则及有奖知识竞赛问卷

一、活动时间:第一轮竞赛:2004年4月22日~5月9日。
第二轮竞赛:2004年5月10日~5月23日。

二、活动内容:摩托罗拉举办的有奖知识竞赛。

三、奖品设置:国产3系BMW宝马轿车8辆,每轮竞赛奖出4辆汽车,购置税和个人所得税均由获奖者承担,允许转让。

四、获奖人数:每轮4名,两轮共8名。

五、竞赛形式:淘汰制。

六、参赛对象:18岁以上的中国公民。

七、活动规则:

初赛 活动期间,在全国200多个城市的摩托罗拉手机专卖店及大中型手机商店的摩托罗拉柜台均可领到免费提供的知识问卷(复印有效)。填好问卷后,将问卷投入手机商店内设置的问卷收集箱中或自行将问卷寄至下列地址,即可获得参赛资格:北京市朝阳区农业展览馆北路甲5号永安宾馆3716室北京塞柏创就广告有限公司。邮编:100026。

参加第一轮竞赛的参赛者:请将问卷于2004年5月9日之前寄出(以邮戳为准)或投入商店的问卷收集箱内。

参加第二轮竞赛的参赛者:请将问卷于2004年5月23日之前寄出(以邮戳为准)或投入商店的问卷收集箱内。

在答对全部问题和填好完整个人信息的问卷中,在公证处的监督下,每轮随机抽出16名幸运者参加总决赛,两轮共32名。

决赛 16名参赛者将全部被请至北京参加总决赛。总决赛以知识竞赛形式进行,在公证处的监督下,每轮从16名参赛者中决出4名宝马轿车获奖者。举行两轮,共产生8名宝马轿车获奖者。

八、第一轮竞赛抽奖日期:2004年5月15日。

九、第二轮竞赛抽奖日期:2004年5月29日。

十、第一轮总决赛日期：2004年5月23日。

十一、第二轮总决赛日期：2004年6月6日。

十二、摩托罗拉公司拥有本次知识竞赛最终解释权。

2004年摩托罗拉有奖知识竞赛问卷

欢迎您参加摩托罗拉公司举办的知识竞赛。请在您认为正确的答案处划"√"。谢谢！

1. 摩托罗拉公司创立于_____年？
   □ 1928　　　　□ 1929　　　　□ 1930

2. 摩托罗拉公司总部设在哪个国家？
   □ 英国　　　　□ 美国　　　　□ 法国

3. 摩托罗拉的英文名称是_____。

4. 请回答以下所描述的是摩托罗拉哪一款手机：5分钟连续影音录放，总长约1小时，96MB海量内存，Picsel文件阅读器可直接浏览PPT、WORD、EXCEL、PDF等文档，全球通服务一键激活。96MB指系统总内存，用户内存约55MB。
   □ V870　　　　□ A768　　　　□ C550

5. 请回答以下所描述的是摩托罗拉哪一款手机：30万像素数码相机记录瞬间美好，MP3及MIDI铃声动听动心，蓝牙让你摆脱纷繁"线"制，四频助你漫游四海，个性图标及照片来电识别令你先知先觉。
   □ V600　　　　□ V868　　　　□ A890

6. 摩托罗拉公司是_____生产商。
   □ GSM手机　　　□ CDMA手机　　　□ 以上两者都是

7. 你现在所使用的手机的品牌：
   型号：_____ 购机时间：_____年_____月_____

消费者个人信息

姓名：_____ 年龄：_____ 性别：_____

身份证号码：_____

电话号码：_____

通信地址：_____

案例分析：

"MOTO来真的"有奖知识竞赛的成功之处：

1. 知识竞赛准备充分，总决赛更是倾心打造，活动各个环节的舆论造势及时跟进，对消费者的新闻冲击此起彼伏。

2. 竞赛启事图文并茂，视觉冲击力强。
3. 该启事信息全面、表述准确，不会产生消费者理解上的歧义。
4. 活动规则逐项列示，奖品设置等重要信息排列靠前，容易引起消费者的注意，激发参赛热情。
5. 竞赛由初赛和决赛两部分构成，初赛又分两轮，这样的做法既丰富了竞赛活动的内容，减少了参赛者对阶段性竞赛结果的等待时间又对消费者及其他公众产生了较长时间的持续性促销刺激，对象满意度较高，宣传效果较好。
6. 问卷内容涉及摩托罗拉的基本情况和尖端产品，有助于宣传公司形象；且题目相对简单，易于作答。

七、实践练习

小灵通有奖知识竞赛促销活动实施方案

大学新生开学了，海南电信分公司为了在大学校园拓展小灵通业务，决定举办一次小灵通有奖知识竞赛。

参考 MOTO 公司的有奖知识竞赛问卷，请你制订一个小灵通有奖知识竞赛活动方案。其内容应包括以下方面：

1. 分析在大学校园开展小灵通有奖知识竞赛活动的可行性。
2. 拟定比赛项目和竞赛形式，设计竞赛问卷。
3. 选拔参赛对象，制订奖励办法。
4. 进行奖品选择时应注意什么？
5. 如何做好宣传工作，鼓励学生参与？
6. 如何进行竞赛活动现场的组织？

实训项目 7

赠 送 样 品

一、实训要求

1. 了解赠送样品促销的定义和作用。
2. 掌握赠送样品促销活动的基本方法，包括它的设计套路、需要考虑的问题、注意的细节等。
3. 了解赠送样品促销活动的形式与注意事项。
4. 会分析一个实际赠送样品促销活动的长处和不足。
5. 能根据一个实际场景写出赠送样品促销活动的实施方案。

二、概念陈述

赠送的样品是"诱饵"吗？

赠送样品意指消费者免费获得赠给的某种特定的物品或利益。赠品一般以消费者为对象、以免费为诱因，来缩短或拉近品牌与消费者之间的距离。在提供短程激励的 SP（Sales Promotion 销售促进，简称 SP）领域里，免费赠送类 SP 活动的刺激和吸引强度最大，消费者也最乐于接受。

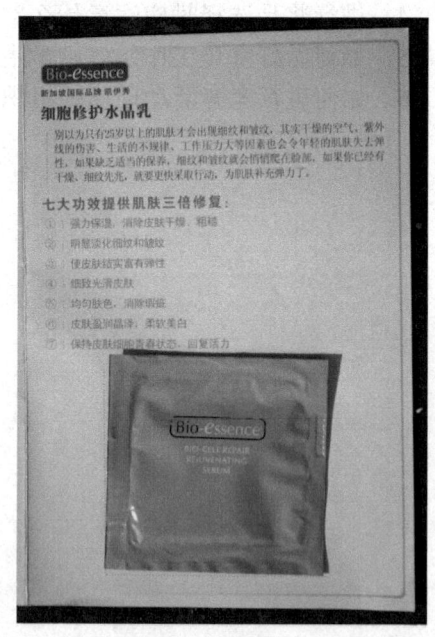

三、情景导入

靠赠品促销打开了市场的大门

2003 年 7 月，张经理任聘到北京××保健品公司，负责公司产品在广州市场的开拓推广工作，主要是补钙系列产品，有中老年型、儿童型、孕妇型三种型号。这几个产品在别的省市销售了一年多，却迟迟未进入广州市场，主要考虑到广州是华南地区的中心城市，对周边地区影响很大，而公司在广州市场几乎没有广告投放。

一到广州，张经理他们就对市场上的钙产品进行调查，广州市场补钙产品高达几十种，价位从几块钱到几十块不等。外资品牌钙尔奇、乐力占了大部分市场，国内的品牌盖天力、巨能钙、三精等都有较大的广告投入，终端也有较强的操作能力。

张经理他们把货铺了 100 多家 A、B 类终端，按传统的营销模式进行客情、店面促销，根本卖不出产品。面对这种情况，他们选择了广州一家中等消费的社区 45 岁以上的人进行深入的调查发现：80%以上的人对补钙的概念很模糊，认为上了年龄就会有腰酸腿痛的症状；15%的人意识到自己要补钙，但不知道自己该怎样去补钙；只有 5%的人对钙知识非常了解，自己很有主见地进行补钙。

鉴于这种情况，他们觉得需要对消费者进行深度及反复教育，不是一句广告语就能解决问题的。经过讨论他们决定把所有的精力放在社区推广上，把中老年型钙作为主推产品。而社区推广面临的最大困难就是可信度的问题。为了解决这个问题，他们联合社区居委会（物业管理处）及社区周围的药店共同举办了主题为"奉献某某钙，共享夕阳红"的赠送样品促销活动。

四、实景训练

赠送样品活动的策划及实施过程如图 7-1 所示。

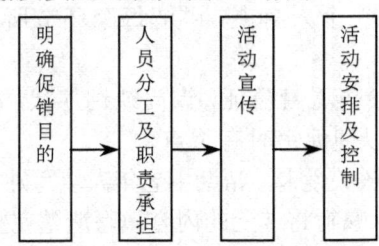

图 7-1 赠送样品活动的策划及实施过程

[第一步] 明确促销目的

➡ 操作要点

一般样品赠送的目的有以下 3 点：

1．塑造企业形象，宣传产品性能和特点。

2．刺激消费者对新产品尝试购买的欲望。吸引潜在消费者购买企业的产品，形成新的用户群。

3．促使消费者放弃使用竞争品牌，改用自身的产品。

操作内容

1. 通过给目标顾客赠送"老年钙"产品来吸引他们尝试购买公司的产品。

2. 当中老年人市场的基础顾客达到足够数量时，就可以开发其他人群市场。

3. 在顾客服用了公司的产品后，建立了良好的口碑，以此吸引其他公司的顾客改用本公司的产品。

操作说明

1. 通过对广州钙产品消费市场的调查与分析，掌握了消费者对钙产品及补钙知识的了解程度，进而策划有针对性的促销活动。

2. 活动的目的应该明确，主要是为了建立品牌形象，打开新市场，提升销售业绩是附带的。

[第二步] 人员分工及职责承担

操作要点

1. 按活动内容和环节对人员进行分工。
2. 明确各人员的工作职责并加以培训。

操作内容

为了很好地完成这次赠送样品促销活动，成立了一个4人活动小组，把活动的每一个环节落实到每一个人身上，讲解每个环节所要掌握的内容及注意事项。

1. 资格认证1人：负责查看身份证，询问缺钙症状，根据症状确定人群分类，并发1、2、3等序号牌，以便促销时有重点。

2. 发卡1人：负责发放关爱卡，帮助中老年人填写姓名、身份证号、住址和电话，在卡右下角标注牌号，嘱咐将卡上的内容填写清楚完整，凭填好的关爱卡和身份证才能领取赠品；并口头通知领取赠品注意事项，同时发送"买赠活动通知"。

3. 健康教育1人：为排队顾客讲解补钙知识，消除顾客疑问。

4. 现场协调1人：负责现场秩序，处理突发事件，安抚排队顾客的紧张情绪。

操作说明

1. 活动前要对每位人员的工作分工进行反复沟通培训，使每个人都能详细了解活动的目的、意义、程序、注意事项等。

2. 任务布置完毕后，让每个人复述自己的职责，出现问题时的处理程序和处理方法。

3. 做到一人多能多职安排，分别模仿资格认证员、发卡员、健康教育员、

实训项目 7　赠送样品

现场协调员等角色,一旦人手不够就可互相补位。

[第三步]　活动宣传

➥ 操作要点

1. 讲清活动目的、内容、时间、地点、方式等。
2. 准确、有效地发布活动信息。

➤ 操作内容

本案例中张经理他们采用了在社区贴海报的方式进行活动宣传,海报内容如下。

1. 凡是 45 岁以上,有缺钙症状的中老年朋友,凭本人身份证可领取关爱卡一份(每户限领 1 份,不得代领)。

领卡时间:2003 年 9 月 9 日上午 9 点。

领卡地点:本社区老年人活动广场。

2. 凭本人身份证和关爱卡,于 2003 年 9 月 10 日上午 9 点到君安大药房,可领取××钙中老年半月装 1 盒,价值 30 元。领取活动当天有效。

3. 组织单位:××社区物业管理处、北京××保健品公司广州分公司

➤ 操作说明

举办一次促销活动,广告宣传的工作是重点之一,如何有的放矢地把促销的地点、方式方法、促销由头、赠品内容等信息传达给目标消费群体,确保赠品赠对人、赠对路、赠得划算,就需要活动策划者动一番脑筋了。

××公司在××城市××公园举办大型赠送样品促销活动,活动开始前在当地的电视台、电台、报纸等媒体进行了大规模的活动宣传。出人意料的是,天公不作美,活动当天清晨,原来预报无雨的天空突然狂风大作,下起了滂沱大雨。该公司立即通知各媒体,将活动时间改为第三天。但当地分公司的执行人员敷衍了事,只是简单地在电视台作了一条文字广告,结果到了第三天,企业摆出了强大阵容迎接顾客,但是因为知道的人太少,上午只有稀稀拉拉的人群来拿走一些赠品,到了下午几乎没有人来,大批的工作人员在现场无所事事,这家企业前面辛苦准备的一切只是由于广告宣传出现偏差而泡汤了。

[第四步]　活动安排及控制

➥ 操作要点

1. 落实活动前的各项准备。
2. 安排好活动操作流程。
3. 有效地控制现场。

🔹 **操作内容**

1. 活动准备，包括以下几点。

（1）张经理他们选择一家社区进行联系，此社区有600多老年人，中等以上消费水平，他们突出了活动的公益性和规范性，居委会同意他们免费向45岁以上的老年人赠送钙片。并且可以在社区的宣传栏及楼梯口张贴活动通知。

（2）他们选择社区的一个老年人活动广场作为领赠品的地点，并向社区物业管理处缴纳了50元一天的场地费。

（3）社区内有一家药店，但据他们了解，社区的老年人都喜欢去社区附近的君安大药房去买药，他们联系了此药房的老板。开始老板不愿意进货，经过他们的耐心说服后，老板才勉强答应，不过提出活动当天如果销售不理想就下架，他们答应了。

（4）次日上午9点，他们去社区贴海报，下午2点检查海报是否保留，如有破损即时补贴。

2. 发放关爱卡的现场控制，包括以下几方面。

（1）活动当天上午8点他们开始布置场地时，已有十几个中老年人咨询，工作人员告诉他们9点准时开始，要他们排好队，当开始发放关爱卡时，排队的已有好几十人了。

（2）活动9点准时开始，资格认证人员认真询问顾客的症状，根据症状及消费能力确定人群分类，并发放序号牌，以便促销时有重点，同时穿插讲解科学补钙知识。负责发卡的工作人员，帮助中老年人填写姓名、身份证、住址和电话，并口头通知领取赠品时的注意事项，同时发送"买赠活动通知"。健康教育人员为排队者讲解科学补钙知识，消除顾客疑难问题。现场协调人员负责现场秩序，为中老年人讲解补钙知识，安抚排队顾客的紧张情绪。

（3）中午12点撤场，3个小时共发出了200张关爱卡。

3. 赠品的领取

活动次日上午8点，他们赶到大药房进行了布置。这时，领赠品的中老年人已排起了一条长龙。健康教育和现场协调的人员各司其职，其他工作人员都成了促销员。上午10点钟围观的人蜂拥而至，活动达到了高潮。

4. 活动结果

活动结束时，药房老板笑着告诉他们今天卖了316盒产品，当天纯利润高达4 000多块，本次活动取得了圆满成功。

📖 **操作说明**

1. 赠送样品促销活动的一般流程如下。

（1）联系社区和终端——讲明活动的做法，寻求对方支持。

（2）社区发放关爱卡——选择见证对象。
（3）终端发放赠品——同时开展买赠促销活动。
（4）总结——逐渐完善类似促销活动流程。
（5）回访——寻找保健品疗效见证人。
（6）跟进——制造企业和产品的口碑。
2. 促销人员的素质包括以下内容。
（1）促销人员必须经过全面培训，熟悉公司和产品的特性。
（2）具有较强的沟通和宣传能力，能准确传播出有关信息。
（3）动手能力强，能做事、会做事。
（4）还要有较强的责任心、细心讲解的耐心和真诚服务的诚心。
3. 现场控制需注意的问题。
赠送样品促销现场如果组织不好最容易出现问题。
（1）如果赠品不足就会大杀风景。为了避免出现这种情况，可在活动通知中说明赠品有限，送完为止。
（2）领取赠品的人太多时，现场容易出现混乱，促销人员要各负其责，分工协作，有条不紊才能控制局面。

五、相关知识

赠送样品的形式

赠送样品的形式多种多样，其类型是以赠送样品的方式来区分的，而赠送样品的方式又常受产品本身（如大小、包装、材料）的影响及限制，所以要因产品来确定赠送方式。比如，大包装的商品，无法用邮寄样品的方式来处理；易于腐烂的商品，不能采用包装附赠的方式来发送。不论怎样，越是有效的样品赠送，就越能直接将商品交到消费者手中，当然其花费的成本也就越高。

下面将广为采用的几种样品赠送形式，一一列举出来。

1. 逐户分送：

派专人将样品送到消费者家门口或是直接交到消费者手中，这种方式一般都通过运送公司或委托专业的样品促销服务公司实施。此法由于直接面对消费者，没有中间商的周折，因此送达效率相当高，只是费用太高，是所有发送方式中最昂贵的一种。此种逐户分送的方式，仅适用于都市地区及人口密度较高的区域。

2. 定点分送及展示。这是直接将样品交到消费者手中的另一种方式。通常选用的地点是零售店、购物中心、重要街口、火车站或其他人流聚集的公共场所内，将样品分送给消费者，同时告知有关产品的销售信息，广为宣传。此种发送样品的方式，如果再搭配优惠券或其他购买奖励，效果更好。

3. 直接邮寄。将样品通过邮寄，或利用快递公司，直接送至潜在消费者手中。此种寄送方式的最大问题，在于邮品投递范围的限制，尤其是一些新区域，或快递公司尚未纳入服务的地区，递送的工作更为困难。除了上述的问题外，运用直接邮寄可称得上是样品发送的最佳方式，其效果很好，但其耗费的成本较高。

4. 联合或筛选分送，专业的营销服务公司规划了各种不同的样品分送方式，以有效地送到各个精选的细分消费阶层手上，例如新婚族、军职人员、新妈妈群或其他特定的群体等，视个别需要可将有相关性却不是敌对商品的样品集成一个袋送给消费者，由于构思巧妙，特别受受赠对象的喜爱。由于样品袋组合精致，送得贴切自然，而且各品牌分摊，费用无形中降低了许多。比如"新婚礼品袋"婚后立即送到新娘手中，这种针对特定对象分送组合样品的方式，最大的优点是既可以迅速、直接地接触目标消费群，相对费用又低。

5. 销售商品附赠，选择非竞争性商品来附送免费样品，此时样品常被视为此商品的赠品。此促销术尽管效果一般，但却是花费最少的一种方法。

（1）包装内赠送：顾名思义，包装内赠送就是将赠品放在产品包装内附送。

（2）包装上赠送：就是将赠品附在产品上或产品包装上，将赠品与所销售产品形成一个整体，以吸引消费。

（3）包装外赠送：某些赠品由于体积较大而无法与所销售产品包装在一起，只能放在产品附近，以便消费者购物时一并带走。

（4）可利用包装赠送：这种促销手段是将被销售产品的容器作为赠品，消费者使用产品完毕后，这种容器还可作为他用。

6. 凭优惠券兑换，消费者凭邮寄或媒体分送的优惠券，可到零售店兑换免费样品，或是将优惠券寄给厂商，用来换取样品。由于消费者对该商品兴趣高才会来兑换，因此，这种促销方法常有不错的反应，但厂商要支付零售点的兑换处理费或样品邮寄费。

7. 媒体分送，如果样品体积小而薄，就可附在报纸、杂志类大众媒体里分送给各订户。此种分送方式的最大长处是能直接送入家庭，而且更能同时传播商品信息，然而由于此种方式分送的范围太广，可能由此引起的尝试购买率偏低，导致总体成本较高，所以这种方式适用于大众广泛使用的消费品。

上述 7 种是常见的样品赠送形式，还有许多样品赠送方式，实施免费赠送样品的促销策略，应结合其他策略一起使用。

 赠送样品的注意事项

1. 举办赠送样品促销活动要避免盲目效仿，现在在市场上常常盛行活动"流感现象"，一家举办了某种促销活动，其他各家也群起而效之，其实任何商家的产品都有自己的特点，就是同行业、同类产品也有不一样的地方，所以实施活动前要明确自己想达到的目的，不能盲从。

2．从吸引试用的角度看，免费赠送样品相当成功；然而以投入产出的角度来评估，则不太经济。所以赠送样品主要用于产品导入期的宣传或抵御高度竞争等不得已的情况。

3．通常在新产品上市前，先行举办赠送样品促销活动，效果很好，不仅可有效刺激消费者的兴趣，还能提高消费者尝试购买的意愿。只有当产品货源充足，完全能满足消费者的购买需求时，才可以举办赠送样品促销活动。因为当消费者在获得样品、经过试用后想买时，由于各种原因买不到，那厂家就得不偿失了。

4．通常当本方产品特点优于竞争品牌时，运用赠送样品的方式促销，效果最佳。尤其是当产品特点用广告难以详尽表达时，凭借产品的现场演示，就可获得消费者的认同，举办赠送样品促销活动来推广产品往往效果较好，效率较高。但是赠送样品的促销活动再好，也不见得适合所有的商品。只有大众化的消费品才能使此促销术大放异彩。

六、典型案例分析

宝洁派发新举

1999 年 11 月，宝洁公司推出了新产品——飘柔定型洗发露，它集洗发、护发和定型于一身，打破了传统意义上洗发水的概念。宝洁公司总部决定在中国大连先进行前期的促销活动，而后再推向中国其他地区、东南亚乃至全球。

11 月中旬，宝洁公司在大连开展了大规模的派发活动。所谓派发是指企业为达到一定的营销目标，在指定的时间和区域内，派人向一定数量的潜在目标顾客免费发送该企业产品或试用品（有时附有宣传品或回寄单）的商业行为。因其投资少、见效快、效果佳，为一些企业广为采用。本次派发的范围以市内 4 区为主，从大连高校招聘女大学生作为派发人员，派发品的规格为 10ml/袋。宝洁公司并没有完全遵循传统意义上的派发方式，如街头派发、邮寄派发、入户派发等，而是推出了一种新的方式：车派。

把全市的公交车划分为 6 个组，每组设主管一名，监察员一名，理货员 2 名，在每个组下面分设 3 个小队，每个小队 5～6 名派发员。6 个小组中，每个小组都工作 5 天（周一至周五），每小组的每个小队每天派发的车次不同，18 个小队不出现重复车次派发现象，这样 5 天便可把全市的公交车派发一遍，而且在派发时间的选择上，利用上下班人流高峰期，提高了派发的效率。

实践证明这种方式取得了相当好的效果。

案例分析：

宝洁赠品派发活动值得借鉴之处有以下几点：

1. 在达到目的的基础上节约了大量人力。与传统意义上的派发相比（以户派为例），若想完成大连市区近70万户家庭的派发，没有几千人是不可想象的。而此次车派则不同，总计参与人数130人左右，大大节约了人力成本。

2. 有效避免了派发的重复性。如果采用街头派发或商店派发，只能造成派发地点周围的局部影响，而且不可避免地会出现有人得到若干袋的现象，这无疑增加了派发成本。而车派则恰恰弥补了这方面的不足。

3. 赠品车派符合大连市的"市情"。大连地势起伏较大，上下坡较为频繁，所以在大连的街头，极少看到骑单车的人群，人们上下班的主要交通工具是公共汽车。从这里可以看出宝洁公司的营销手段没有死守教条，而是能够因地制宜，有"破"有"立"，这的确是值得处在变革中的国内企业学习和借鉴的。

七、实践练习

春光螺旋藻饼干赠品促销活动实施方案

海南文昌市春光食品有限公司成立于1996年，生产基地坐落在风光旖旎、椰果飘香的文昌市东郊椰林。"海南椰子半文昌，文昌椰子半东郊。"独特的经纬度、温湿的海洋性气候，加之三面环海的地形环境，使得这里的椰子饱汲大自然的精华，有着别具一格的风味和口感。公司利用东郊椰林的资源优势，先后开发出一系列糖果、咖啡、固体饮料、饼干、调味品等200个品项的产品，并迅速发展成拥有60亩现代化花园厂房，500亩原料基地，年产值过亿的企业。

在2007年春节来临以前，该公司准备制作一批小包装的椰子糖作为赠品开展市场促销活动，通过在大型超市现场开展品尝的方式进行市场推广，并在媒体

上展开品牌宣传，希望通过赠送样品的方式在众多品牌的饼干中脱颖而出。

为了达到这个目的，请策划一个"春光椰子糖赠品促销活动实施方案"，包括以下内容：

1．明确促销目的。塑造企业形象，宣传产品性能和特点，刺激消费者对新产品尝试购买的欲望，吸引潜在消费者。

2．人员分工及职责承担。按活动内容和环节对人员进行分工，明确各人的工作职责并加以培训。

3．活动宣传。准确、有效地发布活动信息，明确活动目的、内容、时间、地点、方式等。

4．活动安排及控制。落实活动前的各项准备工作，安排好活动操作流程，有效地控制现场。

实训项目 8

付 费 赠 送

一、实训要求

1. 了解付费赠送的概念和原理。
2. 掌握运用付费赠送促销活动进行促销的基本方法,包括它的策划思路、需要考虑的问题、注意的细节、方案的格式等。
3. 付费赠送的特点、选择赠品及赠送技巧。
4. 会分析一个实际付费赠送促销活动的长处和不足。
5. 能针对一个市场问题写出付费赠送促销活动的实施方案。

二、概念陈述

付费赠送——花豆腐钱买了肉

付费赠送是指企业为吸引消费者而采取的一种销售方式,即只要消费者在购买某种特定商品的同时付出赠品的部分费用即可得到赠品,它的实质是顾客购物后,卖方按一定比例将货款的一部分以实物形式退还顾客,以此促进销售。此方法在促销产业用品和机关单位用品时,称为"回扣"。在竞争激烈的市场环境中,对于那些无特殊卖点、市场、产品同质化严重、销售缓慢的滞销商品运用此法最见成效,常被戏称为"老而可信的促销方式"。

三、情景导入

海南移动"一元购机"

一直以来,海南移动都在如何提高客户满意度,降低老客户的流失率上挖空心思、费尽心机,但一直无法找到一项有力的措施来实施。2005年年初,由于面临网络扩容,急需增加135、136、137号码段的用户量,同时由于老客户的流失而导致138和139号段的部分死号面临重新激活的问题。

通过2004年一年的激烈竞争,海南移动的竞争对手,海南联通以"低价话费"和"存话费送手机"两大措施发展了大量低端客户,也造成了海南移动部分低端客户群体的流失。通过调查分析,海南移动了解到这部分流失的老客户中,85%以上的客户其ARP值(ARP——Average Revenue Per User;每用户平均收入)都在50元左右,而且大部分人的消费能力较低,月收入基本都在1 000元以下,甚至有的人无收入。

通过市场分析,海南移动得出的结论是:自身的中高端客户(ARP值大于100)和老客户(入网年限超过2年的)周围还存在着一个巨大的潜在消费群体,即他们消费能力较差的亲朋好友。

针对这些老客户的亲朋好友,同时为了回报老客户,提高客户满意度,并迅速扩大用户群体,打击竞争对手,增加品牌的美誉度,海南移动特推出"一元购机"促销活动。

四、实景训练

付费赠送促销活动的策划及实施过程如图8-1所示。

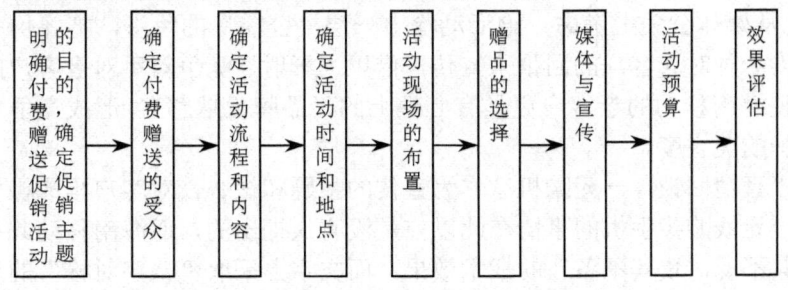

图8-1 付费赠送促销活动的策划及实施过程

[第一步] 明确付费赠送促销活动的目的，确定促销主题

📥 操作要点

1. 促进主体产品的销售。
2. 增加品牌的美誉度、提高客户满意度和忠诚度。
3. 制造公关事件，形成新闻效应。
4. 主题的选择要最大限度地表达促销目的，富有诱惑力，文字最好不多于16个字。

📚 操作内容

在本案例中，海南移动"一元购机"促销的目的和主题：

1. 主要是考虑如何尽快发展、促进大量的潜在客户新入网。利用人们渴望获得廉价赠品的心理，迅速销售产品（手机号），即135、136、137新号段号码和138、139号段的部分死号。
2. 为了巩固现有客户群体，增加客户满意度和提高忠诚度，考虑选择2003年以前入网的全球通客户作为回报对象。
3. 争取新闻媒体的配合，利用这次活动制造新闻效应，宣传要点为：海南移动以大力度、花重金回馈老客户。
4. 活动主题是："真情回馈，一元购机"，富有极大的诱惑力。

📖 操作说明

1. 促销的目的是根据对市场的整体分析，以及公司整体发展趋势和年度销售目标确定的，当然在很大程度上要考虑到竞争的因素、市场的容量、受众群体的反应预估等。本次活动目的的提出主要是考虑借回馈老客户的"由头"，以廉价手机与手机号捆绑销售的模式达到销售主体产品——手机卡的目的。
2. 选择2003年以前的全球通客户作为回报的主要群体，主要是从"面"上考虑，以扩大整个活动的范围，制造足够的效果。
3. 从媒体公关上考虑，给活动涂上一层"公益"的色彩，把廉价手机的赠送作为一种对老客户的回报来宣传，借以"影射"竞争对手对老客户的苛刻行为，使海南移动的老客户更具有心理上的"品牌优越感"，形成竞争优势，增加品牌的美誉度。
4. "真情回馈，一元购机"作为宣传的主题和核心，对客户构成极大的吸引力。一元钱购买手机的事情在此以前是没有人提出的，而海南移动此举起到了"出其不意，攻其不备"的战术效果。而文字上采取"八字对称"的形式作为主题，更容易传播和记忆，最大限度地体现了促销的目的。

[第二步] 确定付费赠送的受众

⮕ 操作要点

根据付费赠送促销活动的目标确定客户参与活动的条件。

⮕ 操作内容

1. 客户参与活动的条件是：2003年12月31日以前入网，且2005年2月份话费消费额超过100元的全球通客户。

2. 以公众媒体告知和手机短信通知符合条件的客户两种方式进行宣传。

⮕ 操作说明

1. 首先要清晰界定参加此次活动的条件，防止引起客户的投诉和不必要的纠纷，重点强调客户的参与条件，才能对其他客户形成更大的吸引力；在排除无关受众的同时，也吸引了竞争对手的客户，铸造了产品的竞争力。

2. 选择2003年以前的全球通客户作为这次的活动对象，主要考虑这部分客户的使用年限已经超过一年，有一定的稳定性，同时可对入网一年的客户形成心理期望，使其产生"继续使用移动手机，早晚会有回报"的心理期望。

3. 这部分客户也是海南移动利润的主要来源，从经营的角度看应该被纳入"付费赠送"回报客户的活动范围。

4. 从"使活动范围、影响面"尽量大的前提来考虑，受众群体不宜过小，如果选择2002年或2001年以前的客户，则会使整个受众群体大量减少，达不到预期的影响范围，甚至无法完成促销的目的。

[第三步] 确定活动流程和内容

⮕ 操作要点

1. 确定活动的流程和内容。
2. 活动内容的说明要尽量详细，所传达的信息要清晰明确。
3. 活动现场业务的办理应做到顺畅而周密。

⮕ 操作内容

1. 客户到达指定营业厅后，按以下流程参加活动：
（1）身份核对：客户凭发票或短信通知为参加"一元购机"活动的依据。
（2）填写表格：表示接受"一元购机"活动的相关条款。
（3）选择号码：选择自己喜欢的入网卡号（手机号码）。
（4）领取手机+手机卡：在交纳100元卡费和预存20元话费，凭入网凭证到售机柜台交1元人民币后，选择自己喜爱的一款手机（共有两款手机供客户选择）。

2．赠送机型：摩托罗拉 C115（价值 580 元）或 NOKIA1100（价值 499 元）。

操作说明

1．在促销活动的流程设计上，充分考虑客户办理"一元购机"的方便性，设立身份核对、填写表格、选择号码、领取手机+手机卡四个柜台，进行流水化操作，简化手续，以最大限度提高效率。

2．详细说明办理业务的具体方式，便于客户产生信赖感和减少不必要的解释，清晰准确的信息传达可以加快业务办理的效率，增加客户满意度。

3．突出赠送机型的价值和"一元"的价格所形成的强烈价格落差，以产生巨大的吸引力，并避免客户对于产品不如意而产生的不满情绪影响客户满意度。

[第四步]　确定活动时间和地点

操作要点

1．根据市场需要来安排活动时间。
2．以方便客户为原则来选择活动地点。

操作内容

1．活动时间：2005 年 3 月 31 日～5 月 31 日。
2．营业时间：办理业务的指定营业厅中午不休息，同时下午的营业时间延长 2 个小时。
3．活动地点：各指定营业厅专设柜台，单独办理此项促销活动业务。

操作说明

1．选择活动的时间跨度为 2005 年 3 月 31 日～5 月 31 日，因为这段时间是春节后的消费淡季；又考虑到客户人数、客户办理业务的习惯以及宣传造势的需求等多项因素，所以把时间跨度确定为 2 个月。

2．延长服务时间的主要目的是为方便部分商务人士办理业务的需求。能参与此活动的人群基本属于城市的中高收入阶层，这些人在工作时间可能很忙，所以海南移动为了给那些上班时间无法办理业务的客户提供方便，对营业时间做出了如此安排，以方便这部分客户下班后来办理业务，最大限度为客户考虑。

3．在充分考虑到每个时间段中办理业务的客户流量的大小后，专设柜台办理赠品的领取，力求服务周到、办理迅速。

[第五步]　活动现场的布置

操作要点

1．现场环境的布置重点在于营造活动氛围。

2. 现场视觉布置要醒目。

操作内容

在本案例中,海南移动"一元购机"促销活动现场是这样布置的:

1. 营业厅门口悬挂横幅:真情回馈,一元购机。
2. 门口设 POP 活动指示牌,引导客户进入营业厅办理业务。
3. 在营业厅内划出促销活动业务办理区,设立业务办理柜台,并摆设 3~4 桌的桌椅供客户填写入网申请表。
4. 设 3 人以上专职服务人员引导和协助客户办理业务。

操作说明

1. 现场广告的效果应该既能使客户在第一时间发现识别,起到宣传活动的作用,又能引导和帮助客户参与活动。
2. 设立专门区域来办理活动业务,可以防止因为活动的举行而干扰正常业务的办理;摆设桌椅方便客户填写入网申请表,既体现了服务的周到,又有助于维持现场秩序井然有序。
3. 设专职服务人员引导和协助客户办理业务,并负责维持秩序,防止客户出现拥挤和造成服务投诉等。

[第六步] 赠品的选择

操作要点

1. 赠品要能形成强大的吸引力。
2. 赠品最好和销售的主体产品紧密关联,是其上下游产品最好。
3. 赠品的供应需要提前确认,并要求在活动前落实到位。

操作内容

在本案例中,海南移动是这样选择赠品的:

1. 选择的赠品是:摩托罗拉 C115(价值 580 元)或 NOKIA1100(价值 499 元)。
2. 先由市场部与多家手机供应商进行商业谈判,取得最低进货价格,并确定进货时间。
3. 根据最大市场容量向供应商订货,并要求可以部分退货,以减少不必要的费用。

操作说明

1. 在付费赠送中赠品的选择是整个活动的核心,赠品直接决定着活动是否具有吸引目标客户的强大魅力。

2. 赠品最好与活动促销的主体产品有某种紧密的关联性，符合消费者的需求。赠品的价值与市场零售价的落差越大越好，如此才能激起消费者的兴趣，进而积极参与活动。所以举办方利用手机与手机号密切相关的特点，形成捆绑销售的优势，以巨大的价格差异制造强大的吸引力，从而达到促销手机号的目的，可以说既节约了成本，又符合了受众群体的需求。

3. 赠品的到位与否直接关系到活动的成败，也是本次活动的关键环节，如果赠品不到位或出现质量问题等，就会导致整个活动的失败，甚至产生巨大的负面影响。因而在与供应商的谈判中要把握好这个环节，尽可能降低这方面的风险。

[第七步] 媒体与宣传

▶ 操作要点

1. 选择大众媒体来传播信息和宣传活动。
2. 制造新闻效应。

▶ 操作内容

1. 在音乐交通电台，每天滚动播出促销广告，时间为3月31日～5月31日，每天播出16次，30秒/次。
2. 在《海南日报》上占据1/4版，封底彩版，发布日期为3月31日和4月28日。

▶ 操作说明

1. 选择电台、报纸等大众媒体来宣传，意在广泛告知用户群体，传播一元购机促销活动的信息；同时，制造海南移动对老客户真情回馈，一元就可以购买手机的新闻效应。
2. 通过宣传造势提高客户忠诚度，给对手造成竞争压力。

[第八步] 活动预算

▶ 操作要点

1. 以预计销售主体产品的多少来核算促销成本，控制促销费用。
2. 综合考虑投入产出比。

▶ 操作内容

在本案例中，海南移动的促销活动的预算如下。

1. 媒体广告费用：6万元。
2. 印刷品费用：5万元。

3. 场内、场外的布置费用：0.8万元。
4. 赠送手机的费用：50万元（海南移动实际只付10万元）。
共计：61.8万元人民币。

📋 **操作说明**

1. 一般付费赠送常见的支出有下列几种：
（1）购买赠品的费用。
（2）媒体广告费用：由举办方单独支付或相关各方分摊。
（3）促销辅助物的费用：如海报、刀旗、陈列架及其店头宣传品等。
（4）临时促销人员费用。
（5）其他代理、执行费用。

2. 就实际情况来看，举办方在实施付费赠送时，赠品制造商或经销商往往会给予较高的折扣；拿本次活动赠品的购买来说，海南移动借助"话费平摊"和"大量采购"两种手段抵消了手机的购买成本。具体来说，海南移动按零售价的两折付给合作经销商，其余费用以话费返还，在2年内平摊完，实际付出的赠品成本是10万元，而海南移动于当年6月份就从话费中回收了此成本，本次活动实际支出的仅是广告和促销的费用而已，但却增加了5 000名新客户，活动取得了圆满成功。

3. 在费用预算上切不可为了追求赠品强大的吸引力而过分增加促销成本，否则将出现入不敷出的尴尬情况。

［第九步］ 效果评估

➡ **操作要点**

对活动的总结和评估。

➡ **操作内容**

在本案例中，对海南移动"真情回馈，一元购机"促销活动的总结如下：

1. 在策划的过程中，"一元购机"的付费赠送与名牌手机赠品的结合，是此次活动的创新与新闻效应的"起爆"原点，并起到了最大的效果。

2. "真情回馈，一元购机"的主题有力打击了竞争对手，其促销作用和公关效果是空前成功的。

3. 在同一目标市场，面对海南联通的低价格策略，海南移动的中低端客户存在大量流失的现象，所以，为保护现有用户群体，增加其忠诚度，针对低端用户的消费需求，用低端手机+入网年限的方式来达到上述目的的策略是必要的，从实际效果来看也是成功的。

4. 付费赠送促销活动的关键在赠品的选择和付费的多少上。选择两款大众熟悉的品牌的低端手机,既满足了低端客户群体的需求,又使他们能够清楚了解自己所能得到的实惠,因而产生强烈的购买欲望,从而达到促销的目的。

📋 操作说明

1. 活动结束后,应尽快组织总结会,总结成功的因素,讨论还有哪些因素是方案里没有考虑到的,总结经验教训等。

2. 对本次活动的评估,应根据入网的人数、赠品的发放,以及活动举行的2个月内客户的增加量来判断活动的效果。

3. 评估促销成败与否的最正确的方法,应以针对全套促销活动计划所设定的目标作为评估的基准,并不是以赠品兑换的多少来评定。事实上,除了赠品供应商外,没有任何人真正关注有多少赠品被兑换了。

五、相关知识

💻 付费赠送的特点

在产品配额时代,这种促销方式是屡试不爽。但在产品供过于求的今天,付费赠送的方式效果不是很明显,已经越来越不被商家看重了。但在事实上,这种方式只要运用得当,还是能再创奇功的。

1. 采用付费赠送的方式,除了花费低、易处理的优点外,还可以用它来实现以下目的:用以提升品牌形象、增强广告效果、吸引经销商进行较佳的店面陈列等。

2. 付费赠送活动在全年的任何季节均适合举办,在活动中即使有某些季节性极强的商品,消费者也会照常购买;而此类促销行动的最大长处,就是时间的安排富于弹性,活动可以随时展开,也可以随时结束。

3. 付费赠送这种方式运用得当,在培养消费者的忠诚度方面还具有极其神奇的效果,也许对消费者仅仅只有百分之几的优惠,却塑造出了企业体贴消费者、回报消费者的良好形象。

4. 一个普遍认同的原则是:付费赠送的兑换率大约不会超过此活动的总媒体广告发布率的 1%。影响兑换率最主要的因素在于赠品本身的好坏、消费者阶层、商品的售价和促销优待价值的认同等。

💻 赠品的选择

赠品的选择是付费赠送设计最为核心的一步,因为赠品的特性决定了主题语的创意、活动传播、实际操作等各个方面的规划与实施。只有谨慎地选择妥贴的

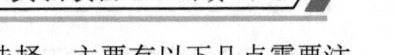

赠品,才能使促销活动办得有声有色。对于赠品的选择,主要有以下几点需要注意。

1. 赠品和促销的主体产品之间最好存在某种自然的联系。赠品与产品本身的内在关联性是赠品促销的一条铁律,不相关的赠品等于白送!要从产品的特征、功用和品牌的属性、内涵等多方面进行斟酌,找出与产品本身的品牌诉求有关联性的赠品。

2. 要注重赠品带给顾客的价值感和实用性,只有这样,才能够使赠品赠得有效,赠得有"理"。比如买酒送酒具,买香烟送打火机,这使产品在使用上有嫁接点。或者产品属于同一类用品,比如,同属于电器、家居用品等,这样在广告传播上容易找到共同点。而类似于"买电脑送钢笔",把两件关联不大的产品凑在一起,难免在活动传播上大费脑筋,而且不容易为消费者所记忆。

3. 赠品的使用率要高。如果赠品一两年也用不了一次,消费者拿回家放置起来直到忘记也没有用过一次,那么赠品也就"白送"了,失去了赠品本身的意义,不能对顾客产生吸引力。

4. 尽量选择简单、方便使用的产品,而不要选择需要进行详细的使用讲解或长期售后服务的产品,以免给终端造成操作上的压力,更要避免造成喧宾夺主的感觉。

5. 活动中提供的赠品最好是独一无二的,消费者喜欢但又不易买到的产品,只能从赠送活动中获得,很难从别处寻找。可以把名牌、新潮、流行、时尚、独特和高附加值的产品作为选择方向。

6. 一个魅力十足的赠品若在包装上加以强化,不仅在媒体广告上,也能在零售点上,从竞争者环拥的丛林中脱颖而出。

7. 赠品价格要合适。一般来说,企业希望赠品的成本较低,最好在所卖产品的利润空间之内,赠品金额多数相当于购物金额的3%左右;而对于消费者来说,赠品的价值越大越有吸引力。当赠品比市面相同商品零售价低30%~50%时,最易于获得消费者的认同与承兑。要解决这个矛盾,企业在赠品选择上就要在可承受的范围内尽量选择成本较低但价值感强的产品("有价无市"的纯礼品往往成为首选)。同时,企业也应该尽量和赠品企业进行沟通与合作,争取对方的参与。

8. 赠品最好要有寓意。赠品若能和主体产品共同表现出一个好的主题创意,富有传播性,则可对整体的产品营销起到呼应的作用。如沈阳乳业的"辉山利乐枕"奶的产品上市企划,以电影《列宁在1918》中的一句经典台词"牛奶会有的,面包会有的……"为主题,举办的"买牛奶、送面包,营养早餐大派对"促销活动,取得了很好的效果。原因就在于,一方面该电影的影响力相当广泛,可以带给消费者那个年代的回味;另一方面,面包和牛奶同属食品,而且还是共同食用的"最佳排挡"(西方人认为的最佳的早餐组合)。相对牛奶,面包因为有主食形象而使其价值感增强,每袋牛奶附送的一袋面包甚至在感觉上超过了牛奶的价格,使消费者明显感受到厂家回馈消费者的诚意。这种赠品,真正让消费者得到了实惠,一袋面包、一袋牛奶这样一份营养早餐,现在购买比平时购买省了很多,消费者当然开心,因此很受欢迎。

 运用付费赠送的技巧

1. 适当炒作赠品的价值。如果赠品比较廉价或者普通怎么办?在消费品促销活动中,赠品的价值一般都不会太大,关键是如何炒作宣传。炒作价值和夸大价值不同。夸大价值是直白地告诉消费者赠品的价值,且夸大赠品的原有价值,有时令人难以信任。而适当的炒作赠品价值则需要从赠品的使用利益与情感利益等方面与消费者进行沟通。

譬如,宝洁公司某产品在促销时,促销的赠品有两样东西,一个是价格不贵的相架,另一个是一把正反两面印有"夏季如何有效防止紫外线照射保护皮肤的护理小方法"的太阳型纸扇。在宣传时把小纸扇放在主要的位置进行宣传:"只要购买其中的任何一款产品,你就将获赠缤纷夏日防紫外线护理秘笈太阳扇一把,保护您娇嫩的皮肤!我们还将给你意外的惊喜,同时你还能获得温馨无限的"浓情相架"一个,它可以随意折叠随身携带,使您随时捕获精彩时刻。"

2. 赠品在促销中的角色定位。经常听到一些促销宣传这样说:"只要您购买了××价值的产品你就能获得×××的赠品。"这样往往给了消费者一种支付的价值里面包括了赠品价值的概念。假设我们换一种口径来宣传:"我们这次促销的价格在同类产品里是很优惠的,您今天购买产品就能够得到实实在在的优惠,而且,为了感谢您的光顾,我们公司还将免费赠送××。"

哪种口径最能打动消费者呢?不言可知,肯定是后者了。因为它强调了"免费"这两个字。把前一口径中的"买了才能送"变成了后一口径中的"不但买得实惠,而且还有赠品送",可以看到前后两者的愿意差不多,但是由于表达方式不同,效果却是天壤之别。

3. 人为制造赠品不多的紧张感。在赠品促销的活动中经常使用这种技巧。譬如企业会在促销活动广告中告知消费者:"本活动自今日起截至××月××日为止,赠品数量有限,送完为止。"以此达到催促消费者实施购买的目的。所以,在经过对赠品和活动本身的宣传,让消费者提起兴趣后,可在促销现场采用限量赠送的方法,但尽量不要让消费者看到赠品过多堆积的场面。在兑换处和陈列架上仅摆放少量的赠品,旁边或者周围角落等地方适当地摆放一些盛装过赠品的空箱子,以制造赠品快发完的紧迫感。

4. 赠品要有一个响亮的名字。赠品靠什么来吸引顾客呢?必须要给赠品取一个好名字,叫起来既要响亮还要朗朗上口,更重要的是还要与产品的独特卖点

挂钩。要想给赠品取个好名字，就必须首先了解促销的目标消费群体喜欢什么，对什么敏感，最近有那些热点使他们关注或兴奋，然后将这些因素与售卖产品本身的核心利益相结合。

宝洁公司在进行海飞丝洗发水促销时，把赠品中的一本薄荷海飞丝洗发指导手册，就命名为"清凉海飞丝至酷洗发'秘笈'"，而在向小店店主赠送售卖手册时，又命名为"小店百事通"，使店主觉得拿到这一本手册，售卖宝洁产品就简单、快速多了。

5. 赠品宣传可以借梯上搂。在赠品促销活动中，仅仅依靠企业的促销人员宣传"我们的赠品如何好，如何有价值"是不够的。在这时，一些企业往往会利用产品代言人或临时聘请的明星、主持人在公众中的影响力进行宣传。事实证明，这种方法的效果比较好。虽然从某种角度上来看，这样的宣传成本要比一般宣传模式多，但是其所产生的影响也是很大的，特别适用于多区域的大规模赠品促销活动；而且通过这种方法宣传的赠品一般具有较长的生命周期。

在宝洁公司玉兰油"缤纷夏日"的促销活动中，便邀请到了香港著名的节目主持人、影星吴大维先生担任本次巡回促销活动的嘉宾主持人。在成都、上海、广州、深圳的活动中，吴大维先生在现场多次盛情推荐玉兰油 UV 太阳镜、UV 手表、UV 太阳伞等促销赠品和奖品。

当然，也并不是一定要有明星或者公众人物才能够产生这样的效果，完全可以因地制宜，现场找人。譬如促销一些妇女产品时（化妆品、服装、手袋、首饰），就可以从现场的消费者中锁定一两个气度不凡的消费者上台来向大家推介，或者请出卖场的总经理/店长来也未尝不可。

6. 注重赠品的陈列和展示。对于赠品与主体产品关联性的强调，除了通过现场的节目、游戏等方式操作之外，赠品展示也是行之有效的方法。譬如当企业准备向消费者赠送一种用于盛装家庭日化用品的陈列架时，就可以把企业所售卖的系列日化产品（如牙膏、牙刷、香皂、洗发水和沐浴露等）有序陈列其上，用以展示陈列架的作用，并把这些陈列好的样品摆放和悬挂在醒目的位置。

六、典型案例分析

海南移动预存话费送话费优惠活动

每逢年底，便是销售旺季，也是商家开展各种促销手段的时机。海南移动率先提出"存话费送话费"的优惠活动。

1. 促销目的：
（1）为了更好地服务客户、回报客户，提升客户满意度，提升品牌价值。
（2）促进客户的消费，与竞争对手展开竞争。

（3）使客户提前一次性大量预买话费，企业获得大量现金，同时减少了话费服务成本。

2. 促销主题："存话费送话费，存多少送多少。"

3. 活动内容：

从 2005 年 10 月 24 日开始，凡满足条件的海南移动客户凭有效身份证件、服务密码到移动营业厅或指定专营店预存指定金额的话费（现金），即可参加"预存话费送话费优惠活动"，尽情享受空前回报。

本次活动设 4 个级别的优惠，如表 8-1 所示。

表 8-1 海南移动优惠活动明细表

优惠类型	话费预存款金额	赠送话费金额	赠送话费返还期限	每月返还赠送话费金额
所有用户	100 元	120 元	10 个月	12 元
2005 年 7、8、9 月每月话费均大于或等于 50 元的客户	200 元	200 元	10 个月	20 元
2005 年 7、8、9 月每月话费均大于或等于 200 元的客户	500 元	500 元	10 个月	50 元
2005 年 7、8、9 月每月话费均大于或等于 200 元的钻石卡、金卡、银卡客户	500 元	500 元并且赠送 5 000 积分	10 个月	50 元

同时，海南移动还对优惠活动进行了说明。

（1）客户可用手机直拨 12590189009 查询在活动期间可以享受的优惠的级别。

（2）神州行一生顺卡、动感地带校园卡、移动公话、随 E 行、一卡双号的副卡，参加过"分期返还预存款"优惠且在有效期内的客户、参加过"优惠购机"活动且在有效期内的客户，不能参加本次优惠活动。

（3）优惠活动期间，每个客户仅限参加一次、一个级别的优惠。

（4）参加"预存 500 元话费，赠送 500 元话费"及"预存 500 元话费，赠送 500 元话费+5 000 积分"优惠的客户，须同意签约使用包月费在 80 元以上（含 80 元）的全球通套餐满 10 个月。

（5）赠送话费从登记优惠后的第二个月开始分 10 个月等额赠送，用于抵减当月除信息费外的其他费用，余额不能带入下月消费。

（6）本次优惠活动的预存话费及赠送话费不作退款处理。

（7）客户在登记本优惠后至当月月底，次月起至累计满 10 个月期间，不能再参加其他涉及话费赠送、话费返还及优惠购机的活动。

（8）本次优惠活动名额有限，办完为止。

4. 媒体宣传：

（1）在音乐交通频道，每天滚动播出促销广告，时间为 10 月 23 日～12 月

23日,每天播出16次,30秒/次。

(2)制作宣传单彩页、海报,在10月23日~12月23日期间放在海南移动各营业厅的阅读栏中,供等候办理业务的客户阅读,以控制终端。

(3)在《海南日报》上占据1/4版,封底彩版,发布日期为10月23日和11月23日。

5.活动费用如下。

媒体广告费:8万元。

印刷品:5万元。

其他杂费:3万元。

合计费用:16万元。

案例分析:

本案成功之处在于:

1.本案中把主体产品的"回扣"作为赠品,以"存多少送多少"的强大诱惑力取得了惊人的促销效果,获得了极大的成功。

2.结合新老客户的不同,以不同的条件获得不同话费"回扣"为诱饵,在新年来临之际让客户大量购进"年货"(即话费),使客户从潜意识中增加节日期间的话费消费,达到"促进消费"的促销目的。

3.利用赠品的特殊性,巩固了老客户,以强大的企业实力形成良好的口碑效应,获得了极大的市场好评,提升了企业形象。

4.充分发挥了赠品的"吸引力",以"钱"的魅力锁定客户,使竞争对手穷于应付。

七、实践练习

海口金茂送水站付费赠送促销活动实施方案

海口金茂送水站是椰树桶装矿泉水的主要代理商,但自2005年上半年以来,仅国贸区就增加了三家新的送水站,使金茂送水站颇感经营压力。为与对手展开竞争、巩固老客户,开发新客户,金茂送水站准备举办一次促销活动。

请你为该送水站做一个付费赠送的促销实施方案,并满足以下要求:

1.确定付费赠送促销活动的目的,确定促销主题:促销的目的是开发新客户,巩固老客户,为什么?通过什么样的措施可以吸引新客户,巩固老客户?选择什么样的主题更有吸引力?

2.确定付费赠送的受众:哪些客户是需要巩固的?哪些是潜在的客户?竞争对手主要威胁自身的哪些客户?

3. 确定活动流程和内容：根据促销目的和主题确定活动的流程和内容。
4. 确定活动时间和地点：根据客户群体特征设置活动时间、地点等。
5. 活动现场的布置：主要是在店头和客户所在的区域展开终端宣传。
6. 赠品的选择：选择桶装水上下游的相关产品最好，什么样的产品更合适？
7. 媒体与宣传：选择什么样的途径最有效？最节省开支？
8. 活动预算：按预计销售业绩衡量宣传费用和赠品费用。

实训项目 9

包 装 促 销

一、实训要求

1. 了解包装促销的概念和原理，懂得如何运用包装促销的技巧完成促销目的，并了解其优缺点。
2. 掌握设计完成一个包装促销策划的各项要点，包括它的策划思路、需要考虑的问题、注意的细节、方案的形式等。
3. 包装促销的类型和内容及其优缺点。
4. 会分析实际案例中每种包装促销形式的长处和不足。
5. 能针对市场要求写出包装促销的实施方案。

二、概念陈述

包装促销，让购物"锦上添花"

这里所说的包装促销是把包装作为一个载体，围绕包装做文章而达到促进销售的目的。有包装内、包装上、包装外和可利用包装等几种方式，其核心内容都是将样品或赠品直接随产品包装赠送。也可以把它看成是"赠品"在包装上的利用。作为消费者，在接触商品前，首先都要接触包装，所以包装在促销过程中起着举足轻重的作用，尤其是当消费者因喜欢赠品而买了相关的主体产品，使用后达到高度满意时，自然成为该主体产品的忠实顾客，因此把包装促销单独列出来。

三、情景导入

"碧倩洗发精"送黄金坠子促销

2003年,日用品市场的广告大战如火如荼,特别是洗涤化妆品市场,品牌层出不穷,让人目不暇接,像欧莱雅、飘柔、舒蕾等知名品牌的促销手段更是让人眼花缭乱,广告铺天盖地,无处不在。在竞争如此激烈的市场环境下,新的品牌如何打开市场,在市场上获得一席之地,并占有相当的市场份额并非易事,如果没有好的切入点、与众不同的市场策略、出其不意的促销手段,那几乎是不可能的。

上海是一个巨大的洗涤化妆品消费市场,人们比较容易接受新的意识、新的观念、新的品牌,特别是年轻女性,她们精于计算,富有新潮的消费意识,很容易为商家的一些新奇促销点子所左右。因而,"碧倩洗发精"在新产品上市时,市场研发小组决定利用产品包装的特点,针对上海女性的心理特征,策划执行一个新的产品促销活动。

四、实景训练

包装促销活动的策划及实施过程如图9-1所示。

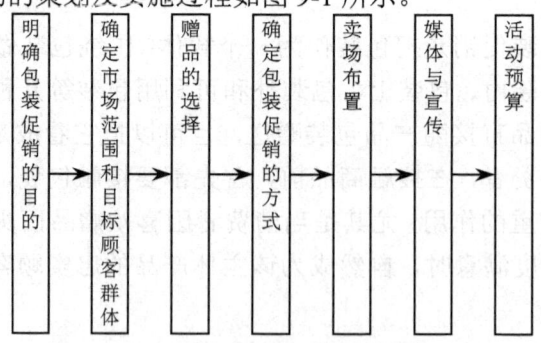

图9-1 包装促销活动的策划及实施过程

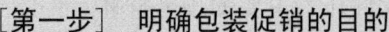

[第一步] 明确包装促销的目的

➡ 操作要点

1．包装促销的第一目的是使"主体产品"更具诱惑力。
2．为顾客的购买行为提供明确的理由，创造持续购买效果。
3．迅速建立品牌概念，制造良好的公关效果。

➡ 操作内容

1．主要考虑如何使"碧倩洗发精"在众多品牌中"一枝独秀"，引人注目。
2．提供给顾客一个购买"碧倩洗发精"的明确的理由，帮助顾客作出决定。
3．通过独特的包装，制造新闻卖点，在消费者心目中迅速建立品牌概念，迅速扩大品牌效应，为下一步的品牌推广做好铺垫。

➡ 操作说明

1．包装促销的根本是"包装"，无论哪种包装形式，都是建立在"包装"这一载体上的。众所周知，洗涤化妆品竞争最激烈的地方在终端，而终端销售的关键之处是如何使自己的产品在货架上更加抢眼、突出；因而，利用碧倩洗发精蓝色透明的特点，用透明的 PV 瓶子包装，然后在瓶子里面再放上女性们更加喜欢的"赠品"，使其更具诱惑力。
2．消费者在决定购买某种商品的一瞬间，总要寻找一个支撑其作出决定的理由，而这个理由有时仅仅来自于一句广告词，甚至仅仅是包装的独特性。抓住顾客作出购买决定瞬间的"接触点"，就抓住了顾客的心理，而这种心理的持续作用就会形成品牌效应，使顾客产生持续购买的愿望。
3．从媒体公关上考虑，把"碧倩洗发精与黄金坠子一起卖"作为一个卖点，使其成为一个人们关注的新鲜事，引起好奇，引发社会的广泛关注，提高品牌知名度。

[第二步] 确定市场范围和目标顾客群体

➡ 操作要点

1．根据产品推广的主要战略确定地域范围。
2．结合产品的功效特点确定目标人群范围。

➡ 操作内容

1．地域上，通过调查、分析、研究，选择了上海作为产品推广的第一站。

2. 针对产品功能，选择年轻时尚的女性作为主要的顾客群体。

操作说明

1. 上海是国内人口最多，市场容量巨大的一类城市，选择它作为产品上市的第一站，是因为受众人群相对集中，保证了产品推广投入的有效性，缩短了碧倩洗发精上市的过程。

2. 同时，针对上海女性精于计算的特点，利用"包装内"放入赠品的方式，会使大多数女性产生物超所值的心理效应，这符合"顾客让渡价值"理论的规律。所谓"顾客让渡价值"是指，顾客购买的总价值与顾客购买的总成本之间的差额。顾客购买总价值是指，顾客购买某一商品与服务所期望获得的一组利益的总和，它包括产品价值、服务价值、人员价值和形象价值等。顾客购买总成本是指，顾客为购买某商品所消耗的货币成本、时间成本、精神成本和体力成本的总和。在包装内放入的黄金坠子必然使女性顾客产生"占到便宜"的普遍心理，自然就会使其作出购买的决定。因此，找对顾客群体就能分析出她们的消费心理，才能更好地选择赠品。

3. 包装促销不同于其他的促销方式，所以，在很多因素上必须充分考虑与市场策略的协调一致；在很大程度上，包装也是市场战略意图的一种表现，因而，对于地域范围的确定，包装促销所强调的市场范围和整个产品的市场战略范围是一致的。

4. 无论人群如何细分，整个包装促销都在体现市场推广的战略意图，比如本案例中针对上海时尚女性的黄金坠子的赠品设计，如果换到北京来促销，赠品就可以改变为北京女性喜爱的饰品。所以，要使包装促销充分体现整个市场推广的战略意图，需要充分考虑设计中的每个细节。

[第三步] 赠品的选择

操作要点

1. 消费者对赠品的需求。
2. 赠品价值的考虑。

操作内容

1. 选择对女性充满诱惑力的饰品"黄金坠子"作为赠品。
2. 黄金坠子的造型要求单独设计，成本不能超过整个包装和产品成本的30%。

操作说明

1. 分析、挖掘主体产品目标群体的关联需求，找出赠品选择的方向，使赠品最大限度地贴近消费者的需求，对其构成足够的吸引力。

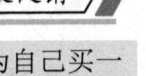

2．购买洗发精的大部分都是女性。很多女性都舍不得花钱去为自己买一个"黄金坠子"，但作为女性，她们都渴望拥有；如果有机会获得，而且是免费赠送，恐怕没有哪位女性同胞可以抗拒它的诱惑。

3．赠品的选择：

（1）要根据产品的特点、目标消费群体的特点、目标人群的流行动向等不同而不同，一般选择与产品有一定关联度的赠品，要对消费者产生购买吸引力，让消费者一眼就明了赠品的价值。

（2）赠品可以是同品牌的赠品，也可以是名牌产品，投其所好、满其所需是选择赠品的基本原则。

（3）包装内的赠品主要考虑档次搭配的问题。注意赠品的包装成本是否符合主体产品的特性，不能用档次很高的赠品来搭配档次较低的主体产品，反之也会造成危害，使目标群体产生不信任感。

总之，赠品选择得好，会给主题产品锦上添花。

4．独特的赠品可以与主体产品的特殊功效（"碧倩洗发精"可以解决女性脱发的问题，并使秀发更加浓密和光泽照人）相配，使产品的价值大大提高。

5．黄金坠子以独特的造型设计构成一定的吸引力，而从成本考虑，如果因为增加赠品而使整个产品的价格超出消费者心理预期太多，消费者因为价高而无法购买，就无法达到预计的销量，所以从根本上讲，以"独特的造型设计"构成赠品的诱惑力，而不是以单纯的"黄金"概念炒作更加实在和让人可信并容易接受。

［第四步］　确定包装促销的方式

▶ 操作要点

1．要使选择的赠品与主体产品互相配合，方便包装。

2．包装促销的方式一旦确定，须要保持一定时间的持续性。

▶ 操作内容

1．选择"包装内促销"的方式，瓶子用进口材料 PV 透明塑料做成，再加上独特的外观设计，使整个包装看起来高贵、典雅，充满贵族气息。

2．用透明的 PV 瓶把产品和赠品（黄金坠子）放在一起，使其紧密相连，由于洗发精是透明蓝色的，因此把一个黄金坠子放在瓶内的洗发精中会显得清晰可见，以此构成具有自己独特风格和吸引力的包装，使其精致、美观、大方，借包装从视觉上制造出"高档消费品的感觉"，从而对女性消费者产生强烈的购买诱惑力。

3．制订与其相关的产品包装策略，在产品推广上市期间始终保持此种包装，当产品的市场达到一定的市场要求后，再逐渐改变包装的形式。

📄 **操作说明**

1. 包装促销的方式一定要符合主体产品的属性，选择的赠品应与原有主体产品的包装密切相关，形成恰当的包装组合。

2. 因为洗发精的摆放都是"瓶装"，而且都要摆放在超市的货架上，所以，如果采用"包装外赠送"和"包装上赠送"显然是不适合的，那么就剩下"包装内赠送"和"可利用包装"两种形式，但"洗发精"瓶子的一般容量较小，增大瓶子的容量是不符合市场长远策略的，而且"洗发精"瓶子给人的感觉始终是专用的，其功能很难扩大到其他方面，因而选择"包装内赠送"，是比较适合的。

3. 用透明的PV材料做成的瓶子做包装，既能体现产品特有的"亮蓝色"，使产品本身具有独特的魅力，同时又能使赠品"一眼见底"，成为"视觉的焦点"。在视觉设计上，也要充分考虑到人们的感官因素，不能因为增加赠品的原因而使消费者产生整个包装看起来"不伦不类"，或者档次下降等不好的感觉。

4. 因为包装促销的载体是"包装"，从市场策划和品牌统一的角度上讲，需要保持包装的持续性，如果因为其他原因使包装在短期内经常变动，那么，就很难在消费者心目中建立品牌形象，甚至无法完成市场推广的目的，所以在包装促销形成以前就要对总体费用、视觉、预算等做好充分的估计，不能因为某个方面的小问题而影响"稳定一段时期"的必要策略。

[第五步] 卖场布置

➡ **操作要点**

1. 抢占卖场的第一视觉范围。
2. 设好卖场引导。
3. 培训现场销售人员。

🎯 **操作内容**

1. 要求超市、专卖店在摆放产品时按"堆头"标准（由公司提供）摆放，赠品要明显向外，摆放要与一般人视线相平，且整齐划一。

2. 在卖场入口处设置明显指示（POP、展板等），销售人员引导人流，并对产品的功效作重点说明。

📄 **操作说明**

1. 产品在第一视线按堆头摆放才能显示其视觉冲击力，抓住消费者的目光，同时也是显示公司实力，和消费者建立心理上信任的第一步。

2．入口处的指示引导会让消费者好奇、产生最初的购买欲，现场销售人员的讲解也是至关重要的，重点讲述产品的功能，打消消费者对产品的疑虑，让其产生"碧倩洗发精"产品很好的意识，为将来进一步市场策略的执行作好铺垫，用赠品作为引导，会使消费者作出迅速购买的决定，促成销售。把握好"接触点"的销售是包装促销成功的关键所在，即"临门一脚"，须尽力做好现场布置及销售人员的配合。

[第六步]　媒体与宣传

▶ 操作要点

1．选择广播和报纸传播信息和造势，制造新闻效应。
2．达到品牌传播、促进销售的目的。

▶ 操作内容

1．在上海人民广播电台等女性听众喜爱的节目中，每天滚动播出"碧倩洗发精"新产品上市的信息，时间为2003年3月31日～5月31日，每天播出16次，50秒/次。
2．每周在《文汇报》、《新民晚报》做一次广告，并配以相关的宣传报导。

▶ 操作说明

1．选择广播播出新产品上市信息是考虑到都市开车一族、新潮一族听广播音乐的爱好，达到有效传播，并制造热点的目的。
2．主流平面媒体的传播意在造势和形成品牌概念，制造新闻公关效应，使产品功能的特长构成持续的消费动力，采用包装促销的手段可以在短时间内形成销售高潮，迅速占领市场，形成品牌优势。

[第七步]　活动预算

▶ 操作要点

1．促销成本的构成。
2．控制促销成本。

▶ 操作内容

本案例中的费用预算如下。
1．媒体广告费：20万元。
2．印刷品：10万元。
3．场内、场外布置费：5万元。
4．黄金坠子费用：50万元（单价控制在25元/个）。

共计：85 万元人民币。

操作说明

1．以预计销售产品的多少来核算、控制促销成本。促销成本主要是由购买赠品、广告、现场制作物、销售人员费用等产生。应避免出现销售产品产生的利润被赠品等促销费用抵消的情况。

2．就产品成本的概念来说，促销成本不能太高，因为洗发精毕竟是日常消费品，促销以后产品的零售价格不能高于现在的促销价；否则将无法保住已经占领的市场份额，甚至形成品牌危机等，所以必须小心控制促销成本。

3．在策划初期的考虑方面，如果兼有树立品牌的目的，则可适当放宽预算的成本。

五、相关知识

包装促销的类型和内容

1．可利用包装赠送：这种方式是扩大包装物或产品容器的用途，消费者在获得产品本身的核心价值外，还同时获得包装物的价值。包装是商品必不可少的组成部分，企业提升了包装物的使用价值，本身也可以使商品整体得到增值。如把酒瓶设计成精致的花瓶状，消费者花同样多的钱既可以享受美酒又可以得到一个精致的花瓶，从而利用包装物本身价值的提升起到促进产品销售的作用。

2．包装内赠送：就是将赠品放在包装内附送。为了达到较好的效果，采用透明包装的产品运用此法较容易使消费者产生购买冲动。如麦片包装袋内赠送杯子，儿童食品袋内赠送玩具等，近几年也出现了一些赠品价值超过产品本身价值的商品，如在月饼内赠送金戒指，红酒内赠送黄金酒杯等，这种做法主要用于开发高端市场，只适用部分类别产品，消费者购买后，多数作为礼品送给他人。

3．包装上赠送：赠品不与商品一起包装，而是附在商品包装上，与商品一同销售。这种方法因其赠品直观，很受消费者的喜欢。如在牙膏盒上附赠一把牙刷，在球鞋上附赠除臭袜，在鼠标上附赠鼠标垫等。这类赠品一般与产品本身有关，最好是其上下游产品；同时必须与商品捆绑在一起，以起到用赠品吸引消费者进而达到促销的目的。

4．包装外赠送：这种方式中，赠品一般在零售终端赠送给顾客。此类赠品通常体积较大，不方便与商品一起包装，只在销售时随同商品一起赠送。这种方法如果零售商积极配合，增加赠品在终端的展示机会，并用 POP 明显标识，会对商品本身的销售起到极佳的效果。如购买一台电脑就可免费获得一张电脑桌，购买两罐雀巢巧克力就可获得五磅白糖等。

包装促销的优点

各种包装类促销术有共同的长处：能刺激消费者的及时购买欲、提高经销商的进货意识、获得店内特别陈列展售、给消费者额外价值的赠品等。但各种包装促销术的优点又不尽相同，下面将分别陈述。

1．包装内/包装上赠送的优点：

（1）当同类产品正处于竞争激烈之时，包装内/包装上促销的产品可在零售点上塑造产品差异化。

（2）包装内/包装上促销的产品经过媒体广告的宣传，再加上零售点的强化，两相搭配，可以达到相乘的广告效果。因为当消费者在店内看到商品时，很容易与看过的广告相互联想。

（3）凭借赠品的附送达到细分市场的目的。如诉求对象因小孩或成人的不同，厂家在选择赠品时，就可以因目标对象而异。

（4）选择与产品相关的赠品，能最大程度地增加产品的使用频度。如卖面粉赠食谱，给顾客提供用面粉调制食品的方法，以增加其用量。同样地，汤类食品送汤碗等，均会增加使用率。

（5）促销活动之前即可预知赠品数量，易控制成本。因为营销人员知道赠品的数量后，促销预算是增是减，就控制自如了。

（6）附送赠品比折价促销能增加更多的新试用者。如果赠品经过谨慎地选择后，其价值感势必优于减价的利益，当然就更能吸引消费者的尝试和购买。

2．包装外赠送的优点：

（1）可以增加赠品在零售点展示的机会。如果零售商也参与此促销，则一般会同意将赠品放在产品旁，一同陈列销售。

（2）较大较实用的赠品也可以赠送，包装外赠送没有体积大小的限制，只要有吸引力就可以。

（3）此类赠品相当富于弹性。因为所附赠品不必与产品包装在一起，所以赠品有更多的选择空间。

（4）此类赠品可增加产品的使用率。有时赠送较庞大的赠品可扩大产品的用量，如买咖啡送杯子。

3．可利用包装赠送的优点：

（1）此类赠品替代了原来的包装，而省下的包装费可使厂商有较充裕的费用来增加赠品的价值。

（2）如果这种包装赠品十分抢眼，又相当好用，则产品附上此赠品后，还可以加价出售，如此可以降低促销活动的成本。例如，用很精美的玻璃罐来装咖啡，可把价格较平时上调5元。这多出的5元，可用于支付赠品的部分费用。

（3）如商品附送的包装容器魅力十足，可促使商店特别陈列展售，销售的业绩自然不会差。

包装促销的缺点

1. 包装内/包装上赠送的缺点：

（1）如何才能将赠品与产品和谐地包装在一起，并且花费的成本不大，是此促销方式的最大难题。

（2）当赠品的吸引力不够或品质欠佳时，反而使本欲购买该商品的消费者打了退堂鼓。所以一个低劣的赠品，会妨碍经常性使用者的购买行为，导致销售下降。

（3）为了避免赠品不受欢迎，所以在进行此包装促销之前，先做一下赠品测试，以求万全。虽然测试要支出成本，可是不测试，万一推出效果不佳，反而浪费更多。花费多少资金以支持测试行为，是一个需重点考虑的问题。

（4）当所附赠品很好而包装欠妥时，极易造成赠品被消费者偷走或被店内的工作人员占为己有。

（5）举办包装促销，因附赠品的包装与正常商品不同，对厂商和零售商而言，都会造成库存管理的问题。某些零售商常以不愿增加库存为理由，而排斥此类活动，拒绝进货。另外，包装上带有附赠品时，受制于赠品的体积及外形，可能会造成陈列上的困扰。

（6）过度滥用包装内/包装上赠送活动进行促销，会减损商品本身的形象。经常举办附赠品促销活动，会误导消费者，该产品只会送东西，而忽略了产品本身的特性及优点。

2. 包装外赠送的缺点：

（1）包装外赠送，由于赠品与商品分开，零售商需另找地方陈列赠品，管理上增加了诸多的麻烦与不便；而且结账时加大了收银员的工作量，除提醒顾客买某商品附有赠品外，更不能误把赠品也一并算钱收费。

（2）通常，只要赠品一离开公司，促销人员就难通盘掌握，因此，零售商若不乐意推动此包装外赠送活动时，促销很难成功。如果零售商不配合，赠品不一定会随货附赠：在店里不积极地让顾客了解，甚至把赠品放在仓库，等促销活动限期过后再当作正常商品单独售卖。

（3）赠品分开陈列，很容易被偷或误送。通常赠品被偷，不是消费者所为，就是店内工作人员所为。至于误送，则是在结账时失察，或是疏于管理所致。

（4）当所附赠品与零售商利润较高的商品直接冲突时，零售商往往不愿接受这种促销活动。

3. 可利用包装赠送的缺点：

（1）有时促销包装的大小与原来包装不同，则包装纸箱大小也会不同，因此不易陈列于货架上或存放于仓库中，零售店可能会拒绝进货。

（2）把平淡无奇、毫不实用的可再用容器当作可利用包装赠送时，会导致消费者拒绝购买商品。因为消费者常视此赠品为商品的一部分，如果他们不喜欢赠品，也就不会买附带赠品的产品了。

（3）可再用容器常需特殊规格的纸箱装运，自然增加了印刷成本及储运的困难。

六、典型案例分析

四种包装促销方式的典型案例

（一）包装内赠送

2004年香江德福中秋月饼包装促销

2004年年初，香江德福大酒楼对海南的月饼市场做了一个调查分析，发现：在海口、三亚这两大月饼消费市场，人们买月饼已经不再是为了"吃"，而主要是为了"送礼"，用以维护客户关系、利益关系。因而，针对此种现象，香江德福大酒楼制订了一个"包装内促销"的市场计划，在月饼盒中放入香江德福"中秋团圆就餐代用券"、红酒、纯金酒杯等三种包装，以适应不同的送礼需求。

随后，在中秋来临之即，香江德福月饼卖出了10万余盒，几乎占据了当年高端月饼市场50%的份额，取得了巨大的成功。

案例分析：

1．针对当今中秋节日送礼的新变化，紧跟潮流以"就餐代用券"、"红酒"、"纯金酒杯"等作为赠品，进行包装内促销，满足了市场需求，迎合了大部分消费者送礼的"潜在需求"，所以这次的促销是成功的。

2．高档礼品要高档包装，精致的月饼与赠品的完美结合为香江德福在消费者心目中树立了高档月饼的品牌形象。

3．适当的媒体宣传，制造了良好的社会形象。

4．包装形式的创新使人们获得心理的满足。

5．不足之处：很容易因为赠品的变化而增加包装成本；同时，如果对市场容量的估计不足，会造成很大的产品积压风险。

（二）包装上促销

购买吉列（Gillette）刮胡霜附送刮胡刀的促销活动

2005年年末，深圳某日用品公司针对吉利刮胡霜在深圳上市而设计了一个大胆的促销案例：把刮胡霜和刮胡刀捆绑销售。

他们的理由只有两点：

一、这家公司本来也是"吉利"刮胡刀的深圳代理商。
二、买刮胡霜的人肯定也需要刮胡刀。

商家把产品摆放到超市出口处的第一视线位置,并以 POP 提示购买,让每一个离开超市的人都能注意到,并且这个位置便于购买的人付款结账。

经过市场反应,这种促销方式是成功的,并在各大超市创造了同类产品(无论是刮胡霜还是刮胡刀)排名第一的业绩,创造了这两种产品同期单独销售从未有过的市场业绩。

案例分析:

1. 赠品和主体产品功能上的紧密关联使消费者的购买行为紧密关联,既抓住了买刮胡刀的消费者,也抓住了买刮胡霜的消费者,无论消费者最初的购买原因是哪一个,最终的购买结果都是两个一起买。

2. 抓住了消费者的消费心理,因为这些消费者大部分都是男士,而在深圳的男士大部分都有很强的时间观念,因而在购买物品时大都会有怕麻烦的心理。把刮胡霜和刮胡刀捆绑销售,既让买刮胡刀的人节省了买刮胡霜的时间,也让买刮胡霜的人节省了买刮胡刀的时间;从某种意义上讲,已经分不清哪个是赠品、哪个是主体产品了,在"包装上促销"的案例中堪称经典案例。

3. 产品摆放的位置也起了关键性作用,从购买方便性上给客户提供了最大的便利,也在某种程度上充分表达了"包装上促销"的促销概念。

4. 本案弱点:两种产品的密切关联淡化了主体产品的品牌概念,长期运用会有降低产品档次的嫌疑。

(三)可利用包装促销

雀巢即溶咖啡玻璃罐促销

长久以来,盛装雀巢咖啡的玻璃罐在咖啡用完后,总被人们用做各种用途,甚至有段时间雀巢咖啡的说明书上都在说明雀巢咖啡玻璃罐的各种用途,进而导致了人们有时想买储物罐反而到商场买雀巢咖啡的奇怪现象。

直至今日,虽然雀巢咖啡已经拥有很高的品牌知名度,但他们还保持着使用可利用的玻璃罐来包装咖啡的习惯。

案例分析:

1. 对于可利用的包装,长期坚持使用。

2. 通过各种途径把包装的"可利用"之处做了充分说明和诱导,并给以适当的推广传播。

3. 对可利用包装购买人群的各种习惯和爱好做了充分的了解,掌握了他们的各种信息,使玻璃罐的各种用途与他们的生活习惯、个人爱好密切相关,如可作为笔筒,可作为家庭妇女的储物罐等用途。

4. 本案不足:增加了销售成本,降低了产品利润率。

(四)包装外赠送

丰田(TOYOTA)汽车的"丰田买的见面礼,出类拔萃"

2004年5月,全国车市低迷,汽车价格战在各地不断上演,海南车市也不例外,很多经销商为此深感痛苦。海南丰田汽车销售中心在经过对消费者和潜在消费者的抽样调查中了解到,购买丰田车的客户大部分为商务人士、高级白领或者是高收入家庭,而这类消费者的消费品质和对生活质量的要求较高,喜欢名牌,追求感觉。

因而,海南丰田汽车销售中心特设计和推出了一套促销方案——丰田(TOYOTA)汽车优待买车客户,赠汽车眼镜、手表、相机等7种价值1 000元以上的赠品,车主可任选其一,其广告标题极为惊人,"丰田买的见面礼,出类拔萃"。

把客户喜欢的礼品作为购买汽车以外的赠品,并以赠品的不菲价值来影射买车者的身份、地位,给了买车者一个充分的购车理由。

案例分析:

1. 对消费者心态的把握准确。

2. 充分利用赠品的价值产生了足够的吸引力,使赠品与主体产品紧密关联,满足了购车者的消费心理。

3. 本案弱点:赠品的选择很难满足所有消费者,所以存在不被某些受众接受的风险。

七、实践练习

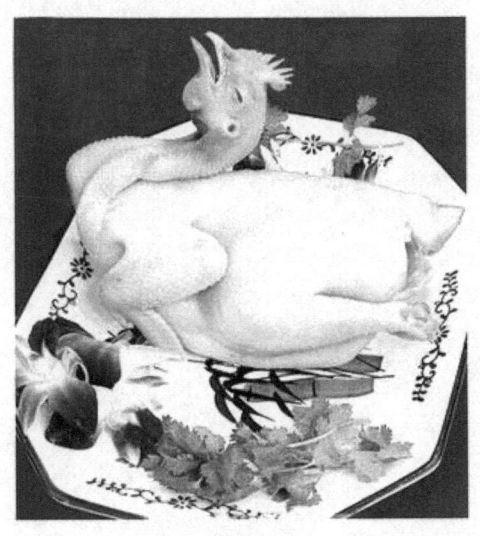

文昌鸡包装促销活动实施方案

文昌鸡——海南"四大名菜"之一。在海南不论筵席、便餐，还是家庭菜，皆能派上用场。文昌鸡早在几百年以前就已颇有名气，在香港、东南亚一带备受推崇，名气颇盛。随着国人生活水平和消费水平的提高，人们在闲暇或假日出游时除了欣赏各地名胜之外，品尝各地名菜佳肴也成了必不可少的选择，文昌鸡是每一位到海南旅游的人必尝的美味。

为了方便每一位来海南旅游的宾客购买文昌鸡作为送给亲朋好友的礼物，海南龙泉公司准备在冬天——海南的旅游旺季开展促销活动，在包装上下一番功夫，既能让旅客方便购买、携带文昌鸡，又能体现海南特色，包装物还能再利用。

请根据以上要求设计、选择一种包装促销的方案。

1. 明确包装促销的目的。
2. 确定包装促销针对的市场范围和目标顾客群体：他们的爱好、特点、习惯是什么？应该从哪方面寻找突破口？
3. 确定包装促销的方式：选择哪种包装促销的方式会最有效？为什么？
4. 卖场布置：选择何种卖场？现场人员应如何引导讲解？
5. 赠品的选择：什么样的赠品与海南关联？或者与潜在购买者关联？为什么？
6. 媒体与宣传：选择哪种媒体宣传方式更有效且节约成本？
7. 活动预算：如何控制预算？

实训项目 10

零 售 补 贴

一、实训要求

1. 了解零售补贴的原理和方式。
2. 掌握一个实际的零售补贴促销活动从策划到实施的执行过程,包括它的策划思路、需要考虑的问题、注意的细节、方案的格式等。
3. 了解零售补贴的形式和内容。
4. 会分析一个零售补贴促销活动的长处和不足。
5. 能面对各种零售问题设计出合适的促销解决方案。

二、概念陈述

零售补贴,不贴钱就贴物

零售补贴,也称零售折让,是为了刺激消费者购买和鼓励零售商积极售卖生产商的产品而采取的一种促销方式,具体做法是:当老用户和大用户对产品的购买或进货满足一定条件后,生产商给予现金补贴或产品赠送,也就是进行销售折让,给他们带来实质性的优惠。

这种促销方式是被应用得最多和最灵活的促销方式,从类别上一般分为无条件补贴和有条件补贴两种。

无条件补贴多数是用来完成与消费者建立情感联系,获得消费者信任的一种普遍的手段,如去××加油站加油可获赠纸巾一包,到××洗车场洗车可获得免费加机油的服务等都属于此类促销手法。

而有条件补贴在多数情况下,是生产商为了迅速打开市场或占领市场而采用的一种手段,它可以促成在短期内大量出货销售的效果,如消费100元送50元代金券、消费100元返10元现金等都属于此类促销手法。

三、情景导入

用手机套餐"吃"出钱来——用联通套餐,送国美家电

2005年12月23日,上海联通与上海国美电器商场联合推出了一项主题为"用联通套餐,送国美家电,最高补贴7 400元"的"零售补贴"促销活动,对消费者而言,这可能是有别于常规手机套餐促销的最大新意和卖点,因而受到了广大用户的热烈追捧。

上海联通曾首创了入套餐送手机或预存话费送手机的营销模式,这次,上海联通和国美的市场人员在充分揣摩了客户的消费心理后,再度革新了传统的让利方式,不仅将促销的品种从手机扩大、延伸、覆盖到所有的热销紧俏家电上,而且当场返利、提前回馈,通过这种多元化的立体交叉促销方式,不仅上海联通达到了"回报老客户、稳住大客户、吸引新客户"的促销目的,而且上海国美电器商场也实现了极大提升销售额的目标。

四、实景训练

零售补贴促销活动的策划及实施过程如图10-1所示。

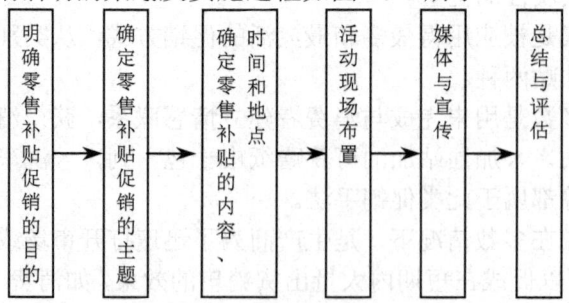

图10-1 零售补贴促销活动的策划及实施过程

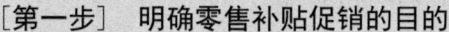

[第一步]　明确零售补贴促销的目的

➡ 操作要点

1. 回报老客户、稳住大客户、吸引新客户。
2. 提升销售业绩。
3. 制造公关效果，形成新闻效应。

📖 操作内容

1. 通过本次促销活动，回报老客户、稳住大客户、吸引新客户。
2. 大量销售，迅速占领市场。
3. 在年底人们购物高峰到来之际，本次促销活动创造了一个新的购物风潮，形成新闻效应，极大地提升了活动举办者的知名度和美誉度。

📄 操作说明

1. 零售补贴促销在回报老客户、稳住大客户，吸引新客户方面一直是一种有力的手段。
2. 与本市信誉良好的知名家电零售企业——国美电器联手，结合人们年底的购物心理，不但能起到稳固原有市场份额的作用，而且也起到了让潜在客户"心痒难耐"的促销作用。
3. 入联通套餐，打电话就能获得国美家电高额补贴的机会，提前引发了人们年底购买家电的家庭计划。

[第二步]　确定零售补贴促销的主题

➡ 操作要点

1. 主题要鲜明、易懂，最好能体现活动补贴的最大利益。
2. 内容通俗、易记、富有震撼性。

📖 操作内容

主题是："入联通套餐，送国美家电，最高补贴 7 400 元。"

📄 操作说明

1. 以通俗、鲜明、简练的语言引出举办双方的合作关系，再利用双方的知名度使活动本身具有了强大的吸引力。
2. 通俗、实在的语言把补贴的最大优惠内容直接告知消费者，在消费者的内心形成足够的震撼。

[第三步] 确定零售补贴的内容、时间和地点

⇨ 操作要点

1. 时间、地点要明确、清晰。
2. 内容要求详尽，细节更加具体。

操作内容

1. 活动时间：2005 年 12 月 17 日～2006 年 2 月 28 日。
2. 活动范围：上海联通的所有新老客户（含 GSM 和 CDMA 网络）。条件是：愿意签约 2 年并预交所选择套餐两年的话费。
3. 活动地点：
（1）上海市联通公司各营业厅。
（2）上海国美电器各商场。
4. 活动内容：
（1）选择 100 元/月套餐，预交 2 年话费，则可获得 1 200 元国美家电代金券补贴（100 元套餐限购手机），等同以 1 200 元的现金在国美购买电器使用。
（2）选择 200 元/月套餐，预交 2 年话费，则可获得 1 200 元国美家电代金券补贴。
（3）选择 400 元/月套餐，预交 2 年话费，则可获得 3 300 元国美家电代金券补贴。
（4）选择 800 元/月套餐，预交 2 年话费，则可获得 6 600 元国美家电代金券补贴。
（5）选择 1 000 元/月套餐，预交 2 年话费，则可获得 7 400 元国美家电代金券补贴。
5. 活动说明：
（1）各套餐资费所含免费项目为国内长途、港澳长途、国际长途、短信、CDMA1X 上网费等所有收费项目。
（2）超出套餐以外的市话费按 0.2 元/分钟计，国际、国内长途以及漫游等按 6 折计。
（3）消费金额低于套餐值的，按套餐标准收费，短信、上网费按统一标准执行。
6. 举例说明：松下 42 英寸等离子电视市场售价 13 800 元，入联通 1 000 元套餐，国美补贴 7 400 元，消费者只要付 6 400 元，就可以把它搬回家。又如，奥克斯 1 匹空调市场价为 1 209 元，入联通 200 元套餐，国美补贴 1 200 元，消费者仅付 9 元钱，就能拿一台空调了。再比如说，三星手机 X138 市场售价 1 396 元，入联通 100 元套餐，国美补贴 1 200 元，消费者仅付 196 元就

可以拿走。

📖 **操作说明**

1. 选择 2005 年年底至 2006 年年初人们的消费高峰期推出，迎合了人们的购物心理，时机的选择非常恰当。

2. 针对本土人士精打细算、理性消费的习惯，推出如此大额度的零售补贴消费，加上话费实实在在的优惠，让消费者真实感受到了运营商回馈客户的力度，引发了人们的购买欲望。

3. 以 100 元、200 元、400 元、800 元、1 000 元 5 个套餐的设计，囊括了几乎所有的中高端消费群体，从纵深上满足了这些消费者的需求。

[第四步]　活动现场布置

➡ **操作要点**

1. 布置好现场环境，营造促销气氛。
2. 维护好现场秩序。

📘 **操作内容**

1. 现场宣传：

（1）在联通营业厅门口悬挂横／条幅，内容是："入联通套餐，送国美家电，最高补贴 7 400 元！"

（2）在国美电器商场门口悬挂横／条幅，内容是："来国美电器入联通套餐，时尚电器搬回家！"

2. 活动现场门口设 POP 指示牌，引导消费者。

3. 在活动现场设立专区、专柜来办理具体促销业务，并摆设桌椅供消费者填写表格。

4. 外场设若干专职服务人员引导和协助消费者办理业务，向潜在消费者宣传活动内容，并负责维持秩序。

📖 **操作说明**

1. 活动现场门口悬挂横幅，可吸引路人知晓促销活动，扩大影响，配合门口所设的 POP 指示牌引导消费者进入营业厅或商场办理业务。

2. 设办公席 2～3 桌来办理身份核对、套餐办理、现金交纳、领取补贴代购券等业务，并摆设 3～4 桌的桌椅供消费者填表格、等候办理等，最大限度地方便消费者，并防止因为活动的举行而干扰了正常业务。

3. 根据情况在外场设若干专职服务人员引导和协助消费者办理业务，同时让消费者了解活动的主题和内容细节，并防止客户人多时出现拥挤和投诉等现象。

[第五步] 媒体与宣传

⮕ 操作要点

1. 选择大众媒体，最大限度地传播信息和造势。
2. 利用公关手段创造新闻效应，提升企业的知名度和美誉度。

⮕ 操作内容

1. 2005年12月16日，在沪市主流媒体以整版广告发出"紧急通知"，内容为"入联通套餐，全场补贴1 200元～7 400元"。
2. 活动期间在各广播波段每天滚动播出促销广告信息，每个波段每天播出32次，60秒/次。
3. 在《文汇报》、《新民晚报》做整版和1/2封底彩版广告，每周一次，并配以相关的宣传报导和新闻公关。
4. 安排电视新闻节目现场采访，调动人们的购买激情。

⮕ 操作说明

1. 整合媒体传播，制造无缝覆盖的强势广告效应，在短时间内让客户迅速决策，制造购买"狂潮"。
2. 以新闻采访形式改善企业的社会形象，形成公关效应，广泛调动人们购买的积极性。

[第六步] 总结与评估

⮕ 操作要点

根据活动目的对活动进行总结与评估。

⮕ 操作内容

1. 上海联通和国美电器设计的这次活动非常巧妙，活动双方互相为对方进行了"零售补贴"，把双方的投入和利益紧密地捆绑在一起，一损俱损、一荣俱荣，实现了真正的双赢。
2. 从媒体公关上讲，使零售补贴金额高达7 400元，令人震惊，创造新闻效应，形成消费风潮似乎也是水到渠成的事情，这也是零售补贴这种促销方式本身给人"实在营销"感觉的结果。
3. 宣传广告刊出后立刻引起轰动，12月17日、18日周末，尽管降温带来了严寒，但国美卖场人头攒动，突然爆发的入网换机潮，以及拉动的家电热卖，令人始料未及。

⮕ 操作说明

1. 活动结束后的总结很有必要，发现问题、总结经验，这是提高水平的最佳时机。

2．类似于零售补贴的促销活动，销售的效果在活动结束时就已经明明白白了，但企业形象、产品品牌、知名度、美誉度等无形的收获却还会一直持续下去，继续对企业产生着影响，这也是为什么促销时，不但要关心销售量的增加，还要关注那些无形资产的提升。

五、相关知识

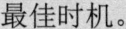 零售补贴的形式和内容

1．购买补贴：在特定期间内，生产厂商为了刺激出货，在经销商进货达到一定数量时，给予现金折价。比如，某饮料厂在销售淡季为了消化库存，规定：经销商若一次进货10件，每件补贴1元。

2．续购折让：生产厂商为刺激经销商持续进货销售，在经销商第一次进货后，如能在一定的期间内再进货，则给予一定数额的折让优惠。凭发票按进货时间和进货量享受不同的折扣补贴。比如，某矿泉水厂为了加快出货，规定：经销商如果每周至少进一次货，每次进货10件以上，则每件补贴1元。

3．免费附赠：经销商进货达到一定数量后，可得到生产厂商的赠品，如买10箱赠1箱等。

4．返利：在一段时间内，生产厂商根据经销商完成的销售额给予一定比例的返利。比如，某饮料厂在年初规定：经销商全年完成的销售额达到100万元，按总额的1%返利；达到200万元，按总额的2%返利；达到500万元，按总额的5%返利等。

5．现金折扣：在特定时间内，生产厂商为了提高资金周转率，对现款提货的客户给予优惠。比如，某饮料厂规定：对现款提货的经销商给予付款总额2%的优惠。

6．广告补贴：经销商做广告以销售生产厂商的产品时，可获得生产厂商的广告补助费用。比如，某食品厂为了开拓新市场，对当地的经销商承诺：经销商如果在当地媒体宣传本厂的产品，只要事先告知并得到同意，本厂将负担50%的广告宣传费用。

7．协作力度补贴：生产厂商对于全力配合自己市场营销活动的零售商给予让利补贴，一般来说有下面3种情况：

（1）全品种陈列展示：零售商将本企业的全部产品摆上货架销售时，给予让利补贴。

（2）按指定价格出售：零售商按本企业规定的价格出售本企业的产品时，给予让利补贴。

（3）零售商举办活动促销本企业的产品时，给予让利补贴。

8. 点存货补贴：生产厂商为了鼓励零售商将库存商品尽量陈列于店头或摆放在货架上，以减少库存压力，增加销售机会，对零售商的这种行为给予一定的奖励（补贴实际销售量=前期盘点库存量+进货量-结果库存量）。比如，某矿泉水厂对当日的库存进行盘点，发现自己的产品有25件；5天后再次盘点，发现自己的产品库存为30件，这期间该零售商的进货量为50件，那么，矿泉水厂就对离开库房的45件产品给零售商进行补贴（45=25+50-30）。

9. 恢复库存补贴：这种补贴是为了解决点存货补贴结束后，零售商不愿意进货的问题。比如：某零售商的库存在点存货前为150箱，点存货后为80箱，为了让其恢复到150箱（需进货70箱），生产厂商每箱补贴1元，共付给零售商70元。

六、典型案例分析

东方商场给中秋月饼"零售补贴"

2004年9月，适逢教师节与中秋节来临，海口市各商家、超市、商场即将展开一场激烈的零售商战。为更好地占领市场，摆脱竞争对手的威胁，增加超市的销售量，借节日的消费热潮，海口"东方商场超市"特联合名牌月饼生产商——香江德福大酒楼在节日期间搞一次大规模的促销活动，主题是"来东方广场购物，拿免费月饼回家"，宣传超市对新老消费者的优惠与回报，并做好超市的形象工程。

1. 促销目的：
商场以诱人的折扣和月饼需求相配合进行销售，调动人们的购买欲望。
2. 促销时间：2004年9月3日～2004年9月26日。
3. 促销内容：
（1）在促销期间，凡购满300元者，获50元香江德福月饼代金券，可在海口、三亚的香江德福月饼指定代理点，代替同等金额的现金购买香江德福月饼。
（2）在促销期间，凡购满600元者，获100元香江德福月饼代金券。
（3）在促销期间，凡购满1 000元者，获200元香江德福月饼代金券。
4. 广告宣传：
（1）在音乐交通频道，隔天滚动播出促销广告，时间为9月3日～9月26日，每日播放16次，每次15秒。
（2）8月28日～9月26日商场在自己制作的促销小报—《购物指南》上，积极推出促销信息。
（3）商场从上午开业到晚上打烊，每隔两个小时就进行一次相关促销信息的广播。
5. 卖场布置：
（1）场外的布置。
1）在免费寄包柜的上方，张贴中秋宣传海报。
2）在防护架、墙柱上贴一些宣传彩页来营造节日气氛。
3）在商场门前广场悬挂气球，拉竖幅，并做灯箱广告。
4）在商场入口，挂"来东方商场购物，拿免费月饼回家"的横幅。
（2）场内的布置。
1）用宣传彩页、中秋海报、POP广告等装饰主通道和斜坡墙，来增强节日的喜庆气氛。
2）在月饼零售区内张贴"来东方广场购物，拿免费月饼回家"的宣传标语。
3）在月饼零售区的上空挂大红灯笼。

案例分析：

1. 抓住了节日人们的消费心理，把品牌月饼的吸引力和人们节日的购物心情很好地结合起来。
2. 现场渲染气氛比较好，在补贴的折扣上照顾到了来商场购物的各层次的消费者。
3. 折扣过低，吸引力不大，因而不会大幅提升商场的购物额。

七、实践练习

东方广场元旦零售补贴促销活动实施方案

每年元旦来临之际,都是人们购物的高峰期。近年来,由于广百集团等国内著名企业的进入,使得海口各大百货商场的竞争越来越激烈。

在此种形式下,请你为海南的老牌商场——东方广场设计一个零售补贴的促销方案,以吸引更多的购物者来此购物。

1. 明确零售补贴促销的目的:元旦购物,对商场促销来讲,主要目的是什么?为什么?

2. 确定零售补贴促销的主题:选择什么样的主题才最能吸引顾客?

3. 确定零售补贴的内容、时间和地点:应该如何选择才能最大限度地实现促销的目的?

4. 活动现场布置:哪些因素是最主要的?应该如何做才能更有效地保证促销目的?

5. 媒体与宣传:选择什么样的传播方式最有效?最节约成本?

6. 效果评估:以什么为主要的衡量指标?

实训项目 11

公 关 赞 助

一、实训要求

1．了解公关赞助活动的形式和意义。
2．掌握实施公关赞助促销活动的基本方法，包括它的设计套路、需要考虑的问题、注意的细节等。
3．了解公关赞助的内涵、意义、类型、方式和注意事项。
4．会分析实际公关赞助促销活动的长处和不足。
5．能根据一个实际场景写出公关赞助促销活动的方案。

二、概念陈述

公关赞助让企业带上"光环"

在信息过剩的时代，面对无孔不入的信息环境，消费者是被动的、懒惰的，传统的市场运作已经不足以引起消费者的兴趣。因此，企业必须抛开单纯为销售而销售的行为，从消费者的心理出发，搭建一个能让消费者认同并且具有社会公信背景的平台，实施人性化的营销活动，让公益行为与营销活动捆绑。换句话说，就是企业在营销活动中要为社会、为消费者多做好事，支持社会福利、社会公益和慈善事业等活动，并以此来证实企业的实力，表明企业勇于承担社会责任的勇气，以赢得社会的普遍好感。这种行为便是"公关赞助"。

2007年12月，中国移动海南公司三亚分公司赞助的蓝丝带保护计划"绿色奥运呵护海洋　蓝丝带连接你我"的活动获得了极大的成功。

三、情景导入

壳牌美境行动，环保人人动手

荷兰皇家壳牌集团是全世界最大的能源公司之一，在 130 多个国家经营石油和天然气的勘探和开采、油品、天然气和发电、化工以及可再生能源业务。

壳牌以成为负责任的企业公民为目标，在其有业务活动的各个国家广泛发起并参与各种类型的社会公益活动，并称为社会投资。

壳牌（中国）有限公司积极从事社会投资，以环保为主题开展全方位的企业形象公关，其举措包括"壳牌美境行动"、在北京密云县认养"壳牌林"、赞助出版全国第一本《儿童环保行为规范》、支持中国探险学会等。尤其是"壳牌美境行动"，实施两年来获得了各方面的好评。

四、实景训练

公关赞助促销活动的策划及实施过程如图 11-1 所示。

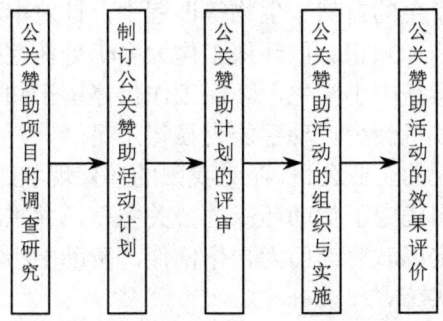

图 11-1　公关赞助促销活动的策划及实施过程

[第一步] 公关赞助项目的调查研究

➥ 操作要点

1．公关赞助环境的调查，包括社会宏观环境和企业微观环境。
2．公关赞助项目调查。

➥ 操作内容

在本案例中，壳牌（中国）有限公司是在进行社会调查后决定赞助环保活动的。

1．环保形势。在我国，环保问题显得尤为突出。以水污染为例，根据国家环保总局 1998 年公布的《中国环境状况公报》，在受监测的 176 条城市河段中，竟有 52%的河段污染程度属较重，即 V 级或劣 V 级。而在全球大气污染最严重的 10 个城市中，我国就占了 8 个。由于环境污染已经到了"是可忍孰不可忍"的地步，环保就成为一个大众关注更多的问题，也成为一个企业公关赞助的良好主题。

2．公众关注。以媒体为代表的社会公众对环保的关心程度与日俱增。环保专栏越来越多地出现在报纸、杂志和电视电台上。根据民间环保团体"自然之友"的统计，1997 年，全国 76 种有代表性的报纸，如《人民日报》、《光明日报》、《中国青年报》等共发表 22 066 条与环境相关的报道，平均每报为 290.34 条，亦即几乎是每天一条，比 1996 年的 250.8 条和 1995 年的 135.8 条都有明显增加。数据表明：人们正越来越多地关注环保。

3．民间环保团体。以 1994 年成立的"自然之友"和 1996 年成立的"地球村"为代表的民间环保团体十分活跃，并已有了相当的影响。这两个协会已拥有了数千名会员，参与了从保护藏羚羊到出版环保丛书的各种环保活动，并与国外环保团体有着良好的合作。现实中人们正越来越多地投身环保。

4．环保教育与实践。现在，环保教育呈现"从娃娃抓起"的势头。环保内容不但出现在中小学生的自然、生物等课程中，针对中小学生的各种书报读物中也有很多环保话题和知识。但环保工作大多仍处在宣传层面上，实际动手的还是凤毛麟角，尤其是中小学生，环保工作仍停留于知识的传播阶段，广大学生思想活跃，但实践机会少，动手能力显得不足。

5．壳牌——负责任的企业公民。在对我国的环保现状进行了调查和分析后，壳牌（中国）有限公司确定了赞助环保的公关主题，并主动寻找潜在合作伙伴和目标受众，最终确定以教育部门为合作伙伴，赞助中小学生开展"壳牌美境行动"的方案设计及实施。

📄 操作说明

1．企业可以主动选择公关赞助的对象，也可以按被赞助者的请求来确定，但不管赞助谁、赞助形式如何，赞助之前都应做好深入细致的调查研究工作：调查外部需要赞助的公益事业情况，赞助活动是否对社会、对公众有益等，从而确定公关赞助的方向。

2．公关赞助要取得广泛积极的社会影响，选择的赞助项目就要能够有效地获得社会各界的好评，同时这种赞助也要能提高本企业及产品的声誉和地位。如鞋厂赞助球队的球鞋，服装厂赞助演出的服装，都体现了专业化的特征。最理想的公关赞助效果是社会性声誉与专业化权威的统一。

[第二步] 制订公关赞助活动计划

➡ 操作要点

1．确立目标。
2．进行预算。
3．制订策略。
4．形成实施方案。

📚 操作内容

本案例中，壳牌（中国）有限公司的公关赞助计划包括以下几个方面。

1．活动目标：

（1）在中小学生中宣传环保的迫切性，普及环保知识，提高环保意识，树立"人人有责"的责任感。

（2）通过亲身参与，增强中小学生的动手能力，建立"我能够做到"的信心，变环保意识为环保行动。

（3）以孩子影响家长、教师以至更广泛的大众，倡导"人人动手搞环保"。

（4）树立壳牌作为一个负责任的企业公民的形象，增强社会亲和力。

2．活动主题：壳牌美境行动，环保人人动手。

3．赞助活动的内容：

（1）结合环保与教育，体现素质教育的理念。由学生自己设计环保方案，凡经评选获奖的每一个方案均可以获得壳牌（中国）有限公司3 000元的资金支持，由设计方案的学生自己动手实施。

（2）选择合作伙伴，最大限度地调动各方面的资源。壳牌（中国）有限公司在北京、上海和广州分别与当地教委合作，一方面保证了活动的广泛性，另一方面也使"美境行动"的开展有了充足的人力资源保障。在北京，"自然之友"也参加了该活动的组织。

（3）强调动手，在评奖中就考虑方案的可实施性，要求所有获奖方案最终都必须提交实施情况报告。

（4）将活动的启动时间设定在六一儿童节至六五世界环境日前后，这样能够获得更高的媒介覆盖率，吸引大众关注，同时参与活动的中小学生可以利用假期时间设计环保方案，经评选后获奖方案又可以在秋季和寒假期间得到实施，保持了与学年起始时间的吻合，避免了组织上不必要的麻烦；充分利用媒介扩大活动的影响，传达"你也能做到"的信息。

（5）最大限度地利用活动成果。活动组织者与参加者共同想方设法，更好地利用创造的成果。

4．经费预算：

（1）主要公关赞助经费用于获奖作品的实施，每个获奖作品获得3 000元的赞助。

（2）视参加人数的多少和作品情况确定总的获奖数目，获奖作品占参赛作品的比例不低于20%，总预算控制在100万元左右。

📖 **操作说明**

1．在调查研究的基础上，根据公关赞助的方向和政策，制订出一个具体的公关赞助计划，这项工作非常重要，是整个公关赞助活动成败的关键。

赞助计划一般应包括：

（1）公关赞助的目标、对象、形式。

（2）公关赞助的费用预算。

（3）公关赞助的主题、形式和传播方式。

（4）公关赞助的具体实施方案。

（5）公关赞助应考虑的应变方案。

2．公关赞助的主题必须十分突出，才容易引起人们的关注。本案例中，公关主题"壳牌美境行动——环保，人人动手"，在中小学生中宣传环保知识，提高环保意识，增强中小学生的动手能力，变环保意识为环保行动，这一主题很明确，也是当今的热点问题。

3. 公关赞助要量力而行，并且要物有所值。壳牌（中国）有限公司公关赞助的经费预算比较经济，由中小学生自己设计环保方案，经评选获奖的方案可以获得壳牌（中国）有限公司3 000元的资金支持，而总共获奖的方案有200多个，预算不过几十万元，但其影响却非常大。

4. 公关赞助应讲究策略。本案例中，壳牌（中国）有限公司的公关赞助策略非常恰当。

[第三步] 公关赞助计划的评审

▶ 操作要点

1. 公关赞助的目标是否明确。
2. 经费预算是否准确。
3. 公关赞助策略是否恰当。
4. 实施方案是否科学合理。
5. 赞助计划是否具有可行性。

▶ 操作内容

从目的性、可行性和耗费度几个方面，综合衡量壳牌（中国）有限公司该次公关赞助活动，给出一个令人信服的结论。

1. 目的性：公关赞助目标十分明确，"壳牌美境行动——环保，人人动手"容易引起人们的关注。
2. 可行性：所选项目属当前热点问题，备受媒体关注，同时有当地教委和广大中小学生的参与，保证项目的顺利进行。
3. 耗费度：总预算控制在100万元左右，对于这样一个大型公关赞助活动和这样一个跨国公司，预算还是比较合理的。
4. 结论：该项目具有实施的价值。

▶ 操作说明

1. 实施公关赞助计划前，应对具体公关赞助项目进行详细的分析研究，结合年度公关赞助计划逐项审核评定，确定其可行性、赞助的具体方式、款额、时机等，从而最终确定公关赞助活动的具体方案。
2. 具体公关赞助项目也可以简化为审核评定其目的性、可行性和耗费度，如果都没问题，该项目便有实施的价值。

[第四步] 公关赞助活动的组织与实施

🔸 操作要点

1．签署公关赞助协议，明确双方的责、权、利。
2．落实和细化公关赞助计划，形成具体的实施方案。

🔹 操作内容

壳牌（中国）有限公司是这样组织实施其公关赞助计划的：

1．1998年年初，壳牌（中国）有限公司与北京、上海和广州三地教委及"自然之友"就举办"壳牌美境行动"达成一致，签署公关赞助协议，确定行动目标、方案、费用、各方权利与责任等。

2．准备海报等物资，拟定评奖方案，通过三地教委将活动通知下发到所属各中小学。

3．1998年6月初在三地同时举行启动仪式，参加者包括教委和环保局官员、民间环保团体的代表、媒体记者和壳牌（中国）有限公司的代表。启动仪式都采取了与环保活动相结合的方式，如北京以清理日坛公园垃圾的实际行动宣布活动开始。

4．在各中小学张贴海报，鼓励广大学生积极参与"壳牌美境行动"环保方案设计。

5．对参加"壳牌美境行动"的各个中小学进行不定期的访问，了解活动进程，解决实际问题。

6．1998年9月开始收集环保方案，组织各方专家进行评奖。

7．1998年11月为获奖方案发奖，获奖师生开始实施其方案。

8．1999年年初收集实施报告，汇编成册，供有关部门和组织参考。

🔹 操作说明

1．签署公关赞助协议，明确规定双方的责任、权利和义务。多数情况下，公关赞助协议签署往往举行专门的发布仪式。公关赞助协议应符合相应的格式规范要求。

2．落实和细化公关赞助计划，形成具体的实施方案。实施方案要明确规定时间、地点、责任人、实施方法、程序、步骤、经费的投入及使用，以及突发事件的应对策略等。

3．企业应派出专门的公关人员负责各项公关赞助实施方案的具体落实情况。在实施过程中，应该建立经常性的检查制度，使计划能保质保量的完成，同时避免费用超出预算。

4．在实施过程中，企业应充分运用各种有效的公关技巧，使企业能借助公关赞助活动扩大其在社会上的影响力，如撰写活动的新闻稿件，介绍公关赞助物品、介绍公关赞助事项进展情况等。大型的公关赞助活动应注意拍摄影像资料以备后用。

[第五步] 公关赞助活动的效果评价

↘ 操作要点

1．社会效应评价。
2．宣传效应评价。
3．经济效应评价。

📖 操作内容

可以从以下4个方面来评价"壳牌美境行动"的效果。

1．直接成果：

（1）京、沪、穗共有20 000余名中小学生参与"壳牌美境行动"，提交环保方案1 000余个。

（2）共有234个方案获奖，其中北京101中学、清华附中、上海市东中学、复旦中学、广州第四中学、第十三中学等学校学生提出的41个方案获一等奖，这41个方案在壳牌公司的资金支持下得以实施。

（3）获奖方案内容多样，既有制作环保袋这样的实践活动，也有生物桥养殖这样的研究活动；既有校外环保宣传，也有校内环境净化；既有传统的校园绿化、树林领养，也有反映高科技时代特征的"壳牌美境网络世界"。上海市杨浦区市东中学高二学生建立了"壳牌美境网络世界"，通过互联网来宣传环保和"壳牌美境行动"及其成果。这个活动获得了壳牌公司额外的22 000元人民币的公关赞助费用。

（4）上海市的获奖方案在教委的支持下参加了上海市青少年科技节的展览会，有约30万人，包括正在出席99财富论坛的壳牌集团董事会副主席布宏达先生，参观了这个展览。

（5）壳牌把上海市彭浦新村一小的孩子们创作的环保漫画制成2000年小台历。10 000本这样的小台历被免费赠送给参与美境行动的孩子们、新闻记者和壳牌（中国）有限公司员工。

2．环保效应：41个获奖方案虽然不多，但是都变成了实际行动。通过治理污染、绿化校园、节约用水、提倡使用环保袋等活动，孩子们用自己的双手为环保事业贡献了力量。

3．宣传教育效应：

（1）三地共有近四百所学校参加了"壳牌美境行动"，其中广州市还提出将实施该项目的成果纳入对学校和教师工作业绩的评定之中。

(2) 另外，20 000个孩子的参与意味着20 000个家庭的参与。

(3) "壳牌美境行动"得到了众多媒体的关注，《人民日报》、《中国青年报》、《新民晚报》、《文汇报》、《北京青年报》等都进行了专题报道。再加上成果展览、网上宣传和小台历，可以说"壳牌美境行动"影响了几十万甚至更多的人。

4．企业形象效应：作为环保项目的"壳牌美境行动"在其他项目的配合下对企业形象建设起到了显著的推动作用。社会各界对壳牌（中国）有限公司都有了更多的了解，打开了更多合作的大门。而在实施该活动后，壳牌（中国）有限公司就更经常地收到各种环保方案的策划书，显示了环保公关的强大作用。

操作说明

1．每次公关赞助活动完成以后，应对照其计划，测定其实际效果。对完成活动的经验加以总结，如活动不理想的应找出原因。公关赞助活动的效果应由组织自身和专家共同测评，尽可能做到符合客观实际。每次测评都要完成报告，作为资料存档，为以后的公关赞助活动提供依据和参考。

2．对公关赞助活动的评价不应只看到当前的、直接的效果，更应关注对企业和社会间接的、长远的影响，如企业形象塑造和人们观念、行为的改变。

五、相关知识

公关赞助的内涵

公关赞助是以关心人的生存发展、社会进步为出发点，利用公益活动与消费者沟通，将品牌的营销活动凭借公益事业的知名度和权威性进行一系列的传播和扩散，在产生公益效益的同时，使消费者对企业的产品或服务产生偏好，在作购买决策时优先选择该企业产品的一种营销行为。因此说，公关赞助的前提条件是社会责任，而公关赞助的基础则是公益活动。

现代企业的竞争已由商品质量竞争、技术竞争、价格竞争、服务竞争扩展到信誉竞争、形象竞争。企业信誉和形象成为最重要的无形财富，是企业在激烈竞争中获得稳定利润的法宝。公关赞助以高曝光、低成本的优势使品牌在特定目标群体中获得知名度和美誉度。

一个企业如果在社会公众中树立起良好的形象，它就能保证获得最好的原料供应、最好的合作伙伴、最有效的销售网络，吸引更多的投资和人才，以及赢得公众的理解、社会的赞许，进而扩大业务、促进产品销售。而一个企业良好形象的树立离不开有效的宣传手段，公关赞助就是非常重要而有效的传播手段。

在国外，公关赞助常常被认为是企业把某些利益交给社区的一个重要举动，是提高雇员生活质量和公民地位的一种方式。公关赞助一般能达到以下效果：

1. 显示企业的良好品质和公民责任感。
2. 从对文化、艺术、体育、教育的社会公益事业的资助中获取无形的价值。
3. 为那些善于模仿企业行为的人树立一个光辉的榜样。
4. 提高社区的生活质量和乐趣。

据调查显示：86%的消费者认为有公益行为的公司更具有积极的形象，90%的员工坦诚为本公司的公益行为感到骄傲。

公关赞助的意义

1. 提高知名度。丰富多彩的文艺、体育、教育等活动能够吸引社会公众的广泛注意，所以企业在赞助文艺、体育、教育等活动时，会吸引各种媒体的广泛报道而形成新闻效应；在各种体育场馆、文娱设施周围布置具有企业名称、标识、产品商标的广告牌，通过电视等大众媒介的传播，可以迅速提高企业或产品的知名度。

2. 体现社会责任感。文化、艺术、体育、教育等活动都是需要大量资金投入的事业，随着人民生活水平的日益提高，群众对它们的需求量及质量的要求越来越高，而目前国内外政府都面临财政紧张的问题。在政府资助减少的情况下，企业的公关赞助成为其重要的经费来源。一方面，企业通过为文化、艺术、体育、教育等社会公益事业提供经费，能够充分显示企业的社会责任感，有利于企业与社区建立良好的关系，并获得广大社区公众的支持；另一方面，企业通过公关赞助表明自身的经济实力，从而赢得社会公众的信任，树立良好的形象。

3. 促进产品销售。通过公关赞助活动做宣传，利用文艺、体育等富有创意的表现手法，配合广告、公关等宣传手段，把想象力与营销目的结合起来，使企业的形象深入人心。利用"赞助"这一有效传播媒介，公众可以更好地认识企业，从而有利于企业产品的销售工作。

公关赞助的类型

1. 赞助体育运动。这是企业公关赞助中最常见的一种形式。随着人民生活水平和体育运动水平的提高，人们对体育运动越来越感兴趣。企业通过赞助赛事来获得比赛冠名权进而塑造、提升企业形象。如百事可乐通过冠名赞助足球甲A联赛使其在中国大陆的影响得以快速提升，无数球迷成为其忠诚的消费者。这类公关赞助一般出于增强广告效果的目的。

2. 赞助文化生活。企业冠名赞助目标消费群体关注的文艺类活动可以拉近与消费者之间的距离，达到互动沟通的目的。如健特公司分别于2001年、2002年冠名赞助的"脑白金杯模特大赛"及一些小型的街头演出活动。

3. 赞助教育事业。企业赞助教育事业，既有助于教育事业的发展，又能使企业得到良好的公共关系，是一举两得的事情。

4．赞助社会慈善和福利事业。公益活动体现了企业关心社会、关心人类、回报社会的经营理念，企业通过公关赞助来提升品牌亲和力，塑造良好的品牌形象。这是企业和社区、政府搞好关系的重要途径，是向社会表明其承担义务和责任的手段。国内饮用水的知名品牌——农夫山泉就很好地运用了公益赞助策略。"2000年奥运会唯一指定饮用水、2001年的申奥装、2002年的阳光工程"——籍此农夫山泉赢得了今天的市场地位。

5．赞助各种展览和竞赛活动。

6．赞助建立某一职业奖励基金。

7．赞助学术理论活动。

公关赞助的方式

企业除了提供资金以外，一般情况下比较愿意提供产品和服务来进行公关赞助，下面对其分别进行了解。

1．资金赞助。一个企业有计划、有目的地拨出一定的资金，资助一些社会公益事业，如2005年蒙牛乳业集团出资2 000万赞助湖南卫视的"第二届超级女声大赛"。

2．产品赞助。企业用自己的产品赞助，一方面可以树立企业的良好形象，另一方面也可以提高产品的知名度，树立良好的产品形象，如健力宝为洛杉矶奥运会中国体育健儿提供专用饮料，随着中国体育健儿实现"零"的突破，"健力宝"饮料也被喻为"东方魔水"。

3．服务支持。企业也可以为社会公益事业提供一些免费服务，2007年世界特殊奥运会期间，一些服务单位，如出租汽车公司、广告公司等大多为大会提供了免费服务。这种赞助方式尤其适合一些小公司或服务型的企业，同样能够提高企业的知名度。

4．设备、设施赞助。可以为一些社会公益事业、大型活动提供一些设备和设施，如香港的邵逸夫先生为祖国大陆的多所大学赞助了教学楼、图书馆、学术研究中心等。

公关赞助的研究

为了取得良好的赞助效果，企业应该进行公关赞助调查研究工作，以确定公关赞助的方向。

公关赞助的研究应该从企业的经营策略入手，分析企业的公关策略和目标，从而制订公关赞助策略，以指导日后的公关赞助活动。在此基础上，研究公关赞助项目的必要性、可行性、有效性。特别需要强调的是，调查研究应以经济和社会效益的同步增长为依据，量力而行。

为更好地搞好公关赞助活动，企业一般要组织专门的公关赞助委员会，负责研究各项公关赞助事宜，进行公关赞助成本和效果的分析，以保证企业和社会同时受益，防止各种公关赞助离题太远的现象。

此外，在公关赞助研究的基础上，由公关赞助委员会根据企业公关的赞助方向和策略，制订出年度公关赞助计划。年度公关赞助计划一般包括公关赞助对象的范围、费用预算、赞助形式等。公关赞助计划是公关赞助研究的具体化，可以做到有的放矢，控制公关赞助的范围，防止公关赞助规模超过组织的承受能力，节制浪费现象。

公关赞助的注意事项

赞助社会公益事业不仅可以树立企业的良好形象，而且也是社会组织重要的经费来源。但如果计划不严、运用不当、信息传播不准，不但不能产生很好的效果，而且还可能损坏企业的形象。因此，企业在进行公关赞助时要注意：

1. 要优先赞助那些可能对公众产生重大影响的活动或社会公益事业，如各种慈善事业、社会福利事业和活动、重大的体育比赛、社区文化活动、公共设施、教育卫生事业等。这样既表明企业对社会的责任和义务，又较容易获得社会各界的普遍好感。

2. 对于一些主动上门的公关赞助项目要仔细研究，看是否符合企业的公关赞助策略、目标及计划；对各种明显不能满足要求的征募者，应坦率而诚恳地解释组织的有关策略，不能谁找就赞助谁，或凭感情、面子、条子、压力进行，一定要把好关，必要时可诉诸社会舆论和法律，以保障企业的合法权益。

3. 由专人负责公关赞助活动，对于任何公关赞助项目都要选择合适的主题，进行仔细的调查研究，制订周密的计划，做出恰当的安排，才能达到可预期的目标。同时要注意留存一部分机动款项，作为临时重大活动时的备用资金。

4. 与新闻媒体建立良好的关系，尽量争取媒体的支持和报道。

5. 成功的公关赞助并不是简单地使企业的名称经常性的出现，而应该把企业的需求、思想、文化，通过有效传播始终贯穿于整个公关赞助活动中。

6. 若所赞助的活动中发生暴力事件，那么对企业及产品的形象都有不良影响，有损于自身形象时应明智地退出。如果由于公关赞助费用过高，超过企业的经济承受能力，因"赞助不起"而退出赞助也无可厚非。

公关赞助的协议书模板

"南天杯"海北大学歌咏比赛 赞助协议书

甲方： <u>南天公司</u> （赞助方名称）
乙方： <u>海北大学</u> （承办方名称）

为活跃校园文化，促进精神文明建设，<u>海北大学</u>将于<u>2007年12月9日</u>举办"<u>南天杯</u>"<u>海北大学歌咏比赛</u>。为了使本次大赛能够办得更好，产生更大的影响力和号召力，由<u>南天公司</u>为此次歌咏比赛赞助活动经费。

为了有效地维护甲乙双方的利益，使本次大赛顺利举行，经甲乙双方友好协商，达成赞助协议如下。

一、甲方责任：

1. 甲方为此赛事的唯一赞助商，拥有此赛事的唯一冠名权。
2. 本届大赛的活动时间定为：<u>2007年12月9日</u>。
3. 甲方为乙方提供活动经费人民币<u>伍万元</u>整。
4. 甲方负责制作本次赛事部分宣传品。
5. 甲方有权监督本届大赛全部宣传品的使用情况并及时与乙方沟通，使之达到甲方的要求。

二、乙方责任：

1. 乙方负责整个活动的宣传、组织、执行，乙方为唯一的责任人。
2. 本届大赛的正式使用名称均为：<u>"南天杯"海北大学歌咏比赛</u>。
3. 乙方为本次活动制作的所有宣传用品必须经甲方确认。
4. 本届大赛在互联网等媒体宣传时，必须说明本届大赛的唯一赞助商为<u>南天公司</u>。
5. 关于宣传本届大赛的其他任何宣传资料，必须使用<u>"南天杯"海北大学歌咏比赛</u>字样，并经甲方确认。
6. 本次活动的工作人员均由乙方组织安排，劳务费用由活动经费支出。
7. 活动宣传用品的悬挂、保存由乙方组织安排，如出现破损由乙方赔偿，具体金额见附页。

三、费用支付：

甲方为乙方提供活动经费人民币<u>伍万元</u>整（大写），支付形式为：大赛开始<u>前五天</u>甲方以支票的方式将部分活动经费人民币<u>肆万元</u>整（大写）支付给乙方，余下的活动经费人民币<u>壹万元</u>整（大写）在赛事结束后七日内支付。乙方提供经税务部门认可的收据。

四、违约责任及其它事宜：

1. 如果乙方在大赛期间没有按照合作协议书的要求执行或者由于乙方原因造成赛事无法正常进行，乙方应返还甲方支付的部分至全部活动经费，具体数额由甲乙双方协商确定。
2. 本协议自双方签字盖章之日起生效，有效期至<u>2007年12月31日</u>。
3. 本协议在执行中若发生争议或未尽事宜，由双方协商解决。若协商不成，任何一方均可向双方所在地法院起诉。

4. 本协议一式两份，甲、乙双方各执一份，双方签字盖章后生效。

甲方代表签字：　　　　　　　　　　乙方代表签字：

甲方盖章：　　　　　　　　　　　　乙方盖章：

六、典型案例分析

最先赞助北京奥运会的"牛"——蒙牛

蒙牛乳业从起步到发展壮大，每个成功的环节无不渗透着公益行为，正是蒙牛的公益行为，使得蒙牛在短短的几年时间内从排名后几位的企业，一跃成为全国最强势的领军品牌，让"一头牛跑出了火箭的速度"，完成了其他企业用几十年才能完成的目标。

1999年成立之初的蒙牛在呼和浩特市一夜之间就推出500多块户外广告牌，上写"发展乳品行业，振兴内蒙古经济"，"千里草原腾起伊利集团、兴发集团、蒙牛乳业、塞外明珠耀照宁城集团、仕奇集团、河套峥嵘蒙古王、高原独秀鄂尔多斯、西部骄子兆君羊绒……我们为内蒙古喝彩，让内蒙古腾飞。"蒙牛在广告费非常有限的时候，不是马上宣传自己的产品，而是反过来关心内蒙古的城市发展，这是蒙牛精心做的捆绑定位，用公益的行为博得大众和社会的认可，令自己一出世就不同凡响。

蒙牛人深知一个企业的发展离不开社会发展的道理：企业在自身发展的同时，如果以实际行动回报社会，在市场竞争中自觉承担相应的社会责任，就会得到国家各级部门的支持，使企业非常容易在公众中获得高信任度和知名度，这对企业的品牌来讲是一笔无形的资产，会让品牌产生更大的魅力。

蒙牛老总牛根生曾经说过："不要看我们地方小，小地方的人不想则已，一想便是全国的大事。"仅凭借一句"想的便是全国的大事"，就足以证明蒙牛从起步便有公益基因了；也正是牛根生的公益意识，才打破常规，称呼自己的竞争对手为"队友"，使得"质量就是生命，产品就是人品"的企业理念在每个员工心目中生根发芽，也就是说蒙牛从内到外、从起步到壮大，将公益行为遍布企业发展的每个角落。

当然，企业的公益活动并不是单纯的慈善事业、捐助事业，公益活动必须让消费者能够感受到品牌的存在，触摸到产品的品质，让消费者在意识中把品牌与公益行为牢牢地联系在一起；蒙牛从"捐助2008奥运会"到目前"向500所贫困地区小学赠奶"，可谓一步一个脚印将蒙牛的营销活动与公益活动结合起来，既树立了品牌形象，又促进了产品销售，可谓名利双收。

"好风凭借力，送我上青云。"借势升天贵在抢占时机。

2001年炎热的夏季，众人的目光都聚集在"申奥"事件上，奥运会历来是商机无限，刚刚起步仅两年的蒙牛瞄准了这一千载难逢的时机，打算借助"申奥"的东风为"奥组委"赞助1 000万，打响在全国市场的第一炮。

蒙牛当时的想法是：既然要借公益活动提升品牌，就必须抢占最佳位置，做中国"申奥"成功后的第一个捐款品牌，可以最大限度地提升品牌价值；那么，何时捐款最好？捐得太早了吸引不了消费者的注意，捐得太晚则让别的品牌抢占先机，可能前功尽弃；因此，经过慎重推敲，蒙牛将捐款日定在了2001年7月10日，此时"奥组委"即将成立，并且距离"申奥"成功的7月13日仅仅提前3天，正是万众瞩目，翘首以待的时候，蒙牛此时出招，可将传播效果最大化。

古语说"师出有名"。蒙牛当时想了一个恰到好处的捐款理由：内蒙古和林格尔盛乐经济园是蒙牛的大本营，在1999年蒙牛成立之初是一片荒地，是北京市西城区对口帮扶捐资100万元，启动了盛乐经济园区，可以说蒙牛与盛乐经济园区是同步发展起来的，蒙牛正是借助这个渊源，喊出了"北京援我100万，我助北京1 000万！"的口号。滴水之恩，涌泉相报！蒙牛在这个时候捐款，让人们感觉到了中华民族"知恩图报"的传统美德。

如果要将公益行为的价值最大化，必须将蒙牛此次捐款与消费者联系起来，让消费者在蒙牛的公益活动中感受蒙牛的品牌价值。因此，蒙牛打出了"一厘钱精神，千万元奉献"的旗帜，意思是蒙牛在每袋牛奶、每根雪糕的销售收入中各提取一厘钱，累计提取1 000万元，分期分批捐给"奥组委"，这样，蒙牛的公益行为就天衣无缝地与消费者联系在了一起，让每个购买蒙牛产品的消费者感觉到为"申奥"做了贡献，既体现了消费者的个人价值，又升华了蒙牛品牌的形象，可谓一箭双雕。

2001年7月10日，距揭晓2008年奥运会主办城市的时间还有3天，蒙牛乳业豪迈地向世人宣布：北京申奥成功，蒙牛捐款1 000万！一时间，万人瞩目：

蒙牛的势力如此之大!

在信息发布之时，蒙牛举行了新闻发布会，并进行了公证。同时，向中国奥林匹克运动委员会致信，《光明日报》、《经济日报》等几十家媒体对此作了报道。7月10日蒙牛在呼和浩特发动"万人签名"活动，自治区主管工业的副主席也亲自参加了签名。

2001年7月13日，北京申奥成功，呼和浩特人民政府向北京发出贺电，贺电强调了蒙牛的助奥承诺，第二天中央人民广播电台播发这一贺电。

案例分析：

蒙牛公司公关赞助活动的成功主要基于以下两点：

1. 蒙牛公司有着致力于公益事业的经营理念。在市场竞争中自觉承担相应的社会责任，使企业非常容易在公众中获得高信任度和知名度，也得到了国家各级部门的支持，从而用公益的行为博得大众和社会的认可。

2. 公关赞助活动也是一种营销活动，要想使赞助活动达到树立企业形象，提高企业及产品知名度的目的，就必须妥善选择公关赞助的对象和主题。由此看来，蒙牛公司选择申奥成功等万众瞩目的事件作为赞助对象是很明智的。

七、实践练习

"多背一公斤去远足"公关赞助促销活动实施方案

中国人民大学校友会海南校友分会组织的"多背一公斤去远足"活动，是一个以关怀农村小学生为特点的公益项目。活动安排定期走访海南偏远农村小学，校友和志愿者每人带去大约一千克重的送给农村孩子的礼物，可以是文具、书刊，也可以是玩具、体育用品。所谓"远足"指的是活动参加者集体坐车到某一个乡镇，再步行到目标学校后，与孩子们进行互动交流，并在一起玩游戏。之后返回下车点，来回行走七八公里。大家既能旅游、又能锻炼身体，还有机会奉献爱心。

海南宏大广告公司知道这个事情后，决定赞助这个活动，以求让更多的人知道、关注并参加这个活动，并加大对农村小学的捐助力度。

请你帮宏大公司策划一个合理的方案来达到上述目的，并考虑以下要求。

1. 公关赞助项目的调查研究，包括公关赞助环境和项目的调查。

2. 制订公关赞助活动计划：确定公关赞助目标后，进行预算，制订策略，并形成实施方案。

3. 公关赞助计划的评审考虑以下几点：

（1）公关赞助目标是否明确。
（2）经费预算是否准确。
（3）公关赞助策略是否恰当。
（4）实施方案是否科学合理。
（5）公关赞助计划是否具有可行性。
4．签署公关赞助协议并细化公关赞助计划。
5．对活动的效果进行社会效应、宣传效应、经济效应的评价。

实训项目 12

经销商销售竞赛

一、实训要求

1. 了解经销商销售竞赛的内容。
2. 掌握实施经销商销售竞赛促销活动的基本方法,包括它的设计套路、需要考虑的问题、注意的细节、方案的格式等。
3. 了解经销商销售竞赛的沟通、效果和注意事项。
4. 会分析真实的经销商销售竞赛促销活动的长处和不足。
5. 能根据一个实际或模拟场景写出经销商销售竞赛促销活动的方案。

二、概念陈述

经销商销售竞赛——渠道为王

经销商销售竞赛是指采用现金、实物或旅游等奖励形式来刺激经销商在一定时间里完成销售目标,达到企业加快商品到达消费者手中的速度,扩大出货量的目的。这种促销方式寓娱乐于商务活动之中,经销商既能体会到竞赛的乐趣,从竞赛中获胜后又能得到实在的奖励,还能得到企业、同行及社会的肯定,真是一举多得,其乐无穷。很多企业都会举行一年一度或是月度销售竞赛,激励经销商提高其销售业绩。

三、情景导入

节能冰箱销售竞赛

为了把节能的理念通过节能产品的销售从市场传达给最终用户，也为了迫使企业淘汰能源效率较低的产品，避免低水平的价格竞争，促进行业健康发展，受国家环保总局委托，由"全球环境基金（GEF）中国节能氟利昂替代冰箱广泛商业化市场障碍消除项目"资助，中国家用电器协会组织全国 15 家冰箱企业参加的"国家能效 I 级冰箱销售竞赛"于 2004 年 5 月 1 日在广州、上海、武汉、成都、北京 5 个城市全线展开。

中国家电协会表示，即将出台的冰箱能效标识将强制实行，上市销售的冰箱产品必须粘贴能效标识，据此消费者可以直观地了解节能产品的能效。在竞赛期间，销售国家能效 I 级冰箱最多的参赛商场和销售人员将有机会获得节能冰箱销售大奖，在参加竞赛的商场、连锁店门店，消费者购买贴有标识的国家能效 I 级冰箱，并填写消费者信息调查表将有机会获得大奖。

为了迎接即将到来的激烈竞争，各厂家纷纷推出节能冰箱新产品，以期抢占市场先机。可以说一场真正对行业起积极作用的节能冰箱销售大赛就这样全面展开了。

四、实景训练

经销商销售竞赛促销活动的策划及实施过程如图 12-1 所示。

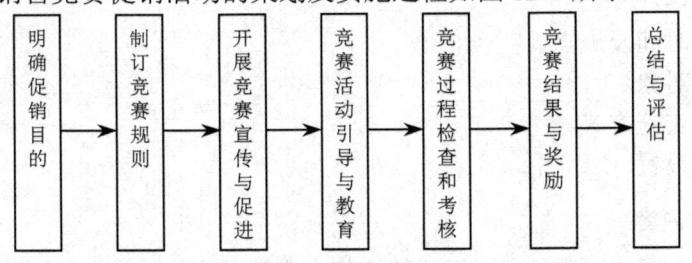

图 12-1　经销商销售竞赛促销活动的策划及实施过程

[第一步] 明确促销目的

📥 操作要点

1. 针对新产品进行消费者教育。
2. 加强与经销商的关系,提高经销商的忠诚度,促使其积极配合企业开展市场活动。
3. 激发经销商加大进货和分销力度,提高销售业绩。

📄 操作内容

在本案例中,"国家能效Ⅰ级冰箱销售竞赛"活动的目的是:
1. 为了推动我国节能冰箱市场化以保护环境、减少温室气体排放。
2. 从销售渠道上消除节能冰箱的市场化障碍,推动节能冰箱市场的形成、扩大节能冰箱在消费者中的影响。
3. 对于一线品牌来讲,借此机会可以巩固自己在消费者中的形象,扩大节能产品的销售份额;对于二线品牌来讲,则成为迈入市场,并为消费者所接受的一个契机。
4. 促进经销商与节能冰箱制造商的关系良性发展,增强商家信心。

📋 操作说明

1. 我国节能冰箱产品刚进入市场时,一个意料之中的问题出现了——消费者对刚刚推入市场的节能冰箱并不认可,高于普通冰箱的价格让大多数消费者望而却步。这时候就需要吸引消费者关注节能冰箱、了解节能冰箱的各种好处,并参加到节能冰箱的市场推广活动中。让消费者了解节能冰箱长期使用后,节省的电费足以支付高出普通冰箱的价格,还能减少温室气体排放,保护环境。
2. 节能冰箱产品的推广普及离不开经销商的配合与支持,渠道的作用至关重要。

[第二步] 制订竞赛规则

📥 操作要点

1. 竞赛时间及地点。
2. 参赛对象。
3. 竞赛实施方式。
4. 奖项设置。

📄 操作内容

在本案例中,"国家能效Ⅰ级冰箱销售竞赛"的竞赛内容如下。

1．竞赛名称：国家能效Ⅰ级冰箱销售竞赛。

2．竞赛时间：2004年5月1日～2004年10月31日。

3．竞赛地点：北京、上海、广州、武汉和成都5个城市。

4．参赛对象：经过自愿报名及资格审核，5个城市的53家冰箱销售商场和400多名销售人员参加到节能冰箱的培训和竞赛活动中。活动范围涵盖全国东、西、南、北、中5大区域，既包括国美、苏宁、永乐、大中等大型家电连锁经营商，也包括了上海商务中心、北京蓝岛大厦等老牌百货商场，可以说覆盖了不同区域、不同消费习惯的消费者全方位的需求。

5．参赛产品：海尔、新飞、科龙、西门子、夏普、荣事达、美菱、华日、伊莱克斯、松下、万宝、广州冷机、海信、TCL、星星等15家企业的17个品牌260余种型号的国家能效Ⅰ级冰箱。

6．奖项设置：

（1）经销商奖励——竞赛期间，竞赛商场中销售国家能效Ⅰ级冰箱最多的商场获得大奖，奖金为35 000美元；另有经销商2等奖、3等奖、纪念奖若干名。

（2）销售员奖励——竞赛期间，销售国家能效Ⅰ级冰箱最多的销售人员获得大奖，奖金为10 000美元；另有销售人员2等奖、3等奖、纪念奖若干名。

（3）消费者奖励——竞赛期间，消费者在这5个城市的53家冰箱销售商场购买贴有标识的国家能效Ⅰ级冰箱，并填写消费者信息调查表将有机会获得消费者大奖（5个），奖金为600美元。竞赛结束时，在竞赛期间指定门店购买能效Ⅰ级冰箱的消费者中将产生1 000名幸运消费者纪念奖。

7．说明与要求：

（1）中国家用电器协会的统计结果将是未来评奖的唯一依据。

（2）全部奖项的奖金来自全球环境基金项目费用。

（3）参加竞赛的商场销售人员需对列入节能冰箱产品清单的冰箱样机粘贴"国家能效Ⅰ级冰箱销售竞赛"标识，以便消费者识别。

操作说明

1．确定参加活动的经销商范围、活动时间和产品。通常销售竞赛的周期都比较长，如半年或一年。

2．制订一个经销商的销售奖励方案。如"出国旅行计划"、"培训计划"、"奖金计划"、"跑车计划"等。

3．典型的经销商销售竞赛计划必须包括销量目标、竞赛规则和要求、考核及奖励计划4项内容。比如，企业可以规定：在某年度销售A产品突破100 000箱且销售排名第一的经销商授予"钻石经销商"称号，并奖励"帕萨特"轿车一辆；同时，必须满足"单月销量不低于5 000箱、不得跨区经营、不得进行价格竞争、不得销售竞争者产品"等竞赛规则。

4. 销量目标设定要结合经销商历史销量进行分析，要有目的性——主要对哪个级别的经销商进行激励；要有挑战性和可行性——定下的目标要比这些经销商的历史销量高，但努力一下也能完得成，如，某企业推出新品（老产品的换代升级产品），分析历史销量发现县级经销商的老产品的年平均销量在 5 万箱左右，市级经销商的老产品历史销量平均在 20 万箱左右。那么此次新品销量竞赛定为 6.5 万箱奖卡车（鼓励县级经销商从 5 万箱提升至 6.5 万箱）、28 万箱奖住宅（鼓励市级经销商从 20 万箱提升至 28 万箱）。

[第三步] 开展竞赛宣传与促进

➡ 操作要点

1. 在网上发布竞赛消息。
2. 通过大众媒体宣传。
3. 在终端张贴海报、发放宣传材料。

➡ 操作内容

在本案例中，主办方选用以下方式开展竞赛宣传：

1. 中国家用电器协会将于竞赛前在网上公布具有测试报告的产品基本信息（如品牌、型号、能效等级、额定日耗电量、制造企业等），供经销商和消费者进行查询。查询网址为 http://www.r-gefchina.org.cn（中国节能冰箱项目网站）和 http://www.cheaa.com（中国家电网）。

2. 活动将在5个城市展开媒体宣传活动，通过宣传画、宣传小册子以及报纸信息发布等宣传方式扩大节能冰箱在公众中的影响。

3. 另外协会制作活动宣传招贴画和宣传页，提供给参加活动的经销商，在经销商的店里张贴或发放，并由他们散发给消费者，对经销商节能冰箱竞赛广而告之，同时宣传节能冰箱的环保意义和节能意义。

4. 配合媒体宣传，开展了消费者调查活动，结果显示消费者对于节能冰箱的认可度大幅度提高。

5. 除了由全球环境基金项目资金支持的宣传活动外，参与项目的冰箱企业还被要求在节能冰箱宣传上加大投入，应该达到其广告投入的 10%。事实上，参与项目的冰箱企业的广告投入都远远的超过该比例。

6. 参赛的每个门店都认真粘贴竞赛标识，发放各种宣传品，提高销售人员的积极性，并将本次竞赛作为提升自己社会形象的良好机会。

➡ 操作说明

竞赛宣传的方式多种多样，应综合考虑媒体影响度和实施费用等因素，从中选择一种或多种宣传方式。

[第四步] 竞赛活动引导与教育

➡ 操作要点

1. 粘贴能效标识，引导销售。
2. 经销商教育计划。

➡ 操作内容

在本案例中，主办方是这样通过教育培训引导销售竞赛的。

1. 由于国家节能标识管理办法尚未出台，在活动期间，竞赛组织者专门制作了国家能效Ⅰ级冰箱竞赛标识，参加竞赛的商场销售人员将对列入节能冰箱产品清单的冰箱样机粘贴此标识。消费者可以直观地识别"节能冰箱"，并能据此作出购买决定。

2. 培训销售人员的必要性：

（1）当时多数消费者对节能方面的细节知之甚少，都会在购买冰箱时问起有关节能方面的问题，销售人员就成了推广节能冰箱的重要窗口。销售人员对节能冰箱的认知程度、推荐程度关系到节能冰箱在市场上的推广速度。

（2）通过对广大的销售人员进行系统的培训，提高他们对节能冰箱的认识，使销售人员能够客观准确地介绍节能冰箱的各种优点。

（3）培训对在销售环节普及节能冰箱知识和促进销售人员在今后的日常销售行为中积极推销节能产品将发挥长效影响。培训结束后，销售人员将具备销售节能冰箱的技巧，对消费者提出的有关技术性问题，能够给予简单明了的回答。

3. 销售人员培训内容：

（1）按照活动计划，中国家用电器协会开展了对销售人员节能冰箱知识的培训。在 GEF 中国节能冰箱项目中，节能冰箱知识培训被称为经销商教育计划，目的是配合销售竞赛，在活动开始前使销售人员比较系统地学习节能环保知识、冰箱产品知识和竞赛规则。

（2）为此，中国家用电器协会与北京工业大学制冷学部的专家合作专门编写了培训教材，并逐个城市、逐个商场、逐个连锁店地举办培训班，为销售人员讲解节能冰箱的资源意义、环境意义、经济价值等环保基本知识，介绍节能冰箱的技术优势、定义和评价标准，节能冰箱给消费者带来的经济利益等。

（3）截至 4 月 19 日，中国家用电器协会已经在 5 个城市举办了 17 场培训，共有 53 个商场、连锁门店的 312 名冰箱销售业务人员参加了培训并通过了培训测试。

➡ 操作说明

1. 节能环保的主题必定会成为家电产品未来的发展方向，家电销售人员如果缺乏这方面的知识将不能适应市场发展的要求。

2. 经销商作为连接制造商和消费者的桥梁，担负着这样一个角色：通过节能冰箱销售活动真正发挥推动节能冰箱市场形成、扩大节能冰箱在消费者中影响的作用。

3. 中国家用电器协会给各有关冰箱企业发出："关于 GEF 中国节能氟里昂替代冰箱广泛商业化障碍的消除项目开展经销商教育计划和激励计划的通知"。此项目特设计了经销商教育计划和经销商激励计划，旨在通过该计划，全面消除节能冰箱的市场障碍，推动节能冰箱的销售，达到节能和减排温室气体的最终目的。

[第五步] 竞赛过程检查和考核

↘ 操作要点

1. 坚持公开、公平、公正的原则。
2. 按照竞赛规则定期对经销商进行考核。
3. 根据业绩列出优胜者名单。

操作内容

本案例中，家电协会是这样对参赛商场进行考核的。

1. 本次活动规定的冰箱是"国家能效Ⅰ级产品"，中国家用电器协会审核了所有Ⅰ级冰箱的能效水平，以及产品的 3C 认证情况，以保证在活动期间为消费者提供优质冰箱。

2. 为保证竞赛的公平、公正，所有的经销商和销售人员也有义务按月向竞赛组织者——中国家用电器协会提供国家能效Ⅰ级冰箱的销售信息。中国家用电器协会将组织对以上信息的核对。

竞赛过程中，中国家用电器协会将通过中国家电网（www.cheaa.com）向媒体、经销商、制造商和社会公众公布相关信息，并接受公众监督。家电协会将在每个竞赛月结束后排出品牌销售排行榜，这将是对各企业的一个真正检验。

3. 竞赛商场对节能产品的宣传可用八个字描述："战旗飘飘，气氛火爆"，节能冰箱已经成为市场的主角。有记者询问了几个品牌的销售人员有关能效Ⅰ级产品的含义，得到的答复是：根据国家标准为最节能的产品。有的销售人员还从电价上涨、电荒等给记者算了一笔账，积极推荐记者购买Ⅰ级产品。应该说通过本次销售竞赛，已经从销售渠道上消除了节能冰箱的市场化障碍，对能效标准以及节能产品的推广作用较大。实际情况也说明，节能产品的销售开始出现盘升的趋势。

操作说明

1. 对经销商的竞赛评估应遵循以下原则：
（1）公开、公平、公正。

（2）评估依据清晰。
（3）过程控制得力，反馈及时。
（4）不要对经销商的日常经营造成干扰。

2. 对经销商的检查和考核尤其重要。企业务必从销售竞赛的第一天就按照竞赛规则对经销商严格检查、认真考核，使经销商既有"动力"也有"压力"，并且习惯厂家的"游戏规则"。切忌在促销活动的时候听之任之，而到年终结算时突然拿出一堆经销商"违规作业"的证据，并拒绝给经销商兑现奖励，这样会严重挫伤经销商的积极性。

[第六步] 竞赛结果与奖励

▶ 操作要点

1. 突出竞赛结果及意义。
2. 表彰获奖者。

▶ 操作内容

1. 2005年1月18日，国家环境保护总局对外经济合作办公室、联合国开发计划署（UNDP）、全球环境基金（GEF）、中国家用电器协会在北京共同举办了"节能冰箱销售竞赛颁奖典礼暨答谢晚宴"，以表彰和奖励在本次竞赛中成绩突出的经销商及销售员，以及踊跃参加活动的消费者。国内外相关部门和机构负责人、项目官员、项目专家以及节能冰箱制造商、家电经销商、消费者代表、媒体记者以及部分获奖的冰箱销售员近200位嘉宾参加了典礼，并共同见证了经销商、销售员以及消费者大奖的产生。

2. 经过2004年5月1日～2004年10月31日历时6个月的激烈角逐，成绩斐然：

（1）竞赛期间共售出35 380台节能冰箱，可以说，活动达到了推动节能冰箱市场销售的目的。

（2）在所有参赛经销商中，上海商务中心家电城以6个月3 337台的销量脱颖而出，成为节能冰箱销售竞赛的冠军，捧走35 000美元的节能冰箱竞赛经销商大奖；另外，活动中以销量胜出的36家零售门店获得总额为140 000美元的奖金。

（3）在所有参赛销售员中，北京国美电器北太平庄门店营业员马海明以6个月卖掉1 134台的绝对优势夺得节能冰箱竞赛销售员大奖，获得最高数额的个人奖金10 000美元；另外，活动中以销量胜出的一线81名销售员获得总额为90 000美元的奖金。

（4）在竞赛门店购买节能冰箱并反馈意见的消费者，也通过抽奖的方式产生了腾虎等5名消费者大奖，每人奖励600美元；另外还有1 000名消费者获得幸运消费者纪念奖，共同分享了总额20 000美元的奖金。

3. 不论是消费者、销售人员还是商场，在获得奖励的同时，也将因为参加保护环境这样的公益性活动而感到光荣！

操作说明

1. 奖励计划要"点面结合"，既有大奖又有小奖，比如，除了"最佳销售奖"外，还可设"最佳成长奖"，使表现突出的小经销商在促进市场快速成长方面的努力也能够得到肯定和表彰。

2. 召开"优秀经销商表彰大会"，现场兑现奖品、奖金。

[第七步] 总结与评估

操作要点及说明

1. 回顾促销活动的策划和执行过程，并准确评价促销效果。
2. 总结经验和不足。

操作内容

"国家能效 I 级冰箱销售竞赛"活动总结如下：

1. 本次竞赛活动旨在提高节能环保意识，把节能的理念通过节能产品的销售从市场经过销售人员传达给最终用户，推动节能冰箱市场的形成，目的明确。中国家用电器协会作为行业组织经常组织公益活动，但对于组织销售竞赛活动却是第一次。

2. 参加本次竞赛活动的共有 5 个城市的 53 家冰箱销售门店，既有家电连锁巨头，又有老牌百货商场，阵容强大，由此可见竞赛组织、宣传和引导非常到位。

3. 在全球环境基金的资助下，此次竞赛的奖励力度大、奖项多、奖励面广，对经销商、销售员和消费者的激励作用明显。

4. 这次竞赛的顺利进行是各方紧密配合的结果。中国家用电器协会开展了对销售人员节能冰箱知识的培训。参赛门店努力提高销售人员的积极性，认真粘贴能效冰箱竞赛标识，发放各种节能冰箱的宣传品。制造商积极对促销人员进行强化培训，保证货品供应及时到位，对节能产品的宣传力度也非常大。

5. 消费者对节能产品的认知度也有了很大的提高，根据项目所作的一份消费者调查显示，约有 85%的消费者有很强的环保意识，愿意购买节能冰箱。这样基本达到了本次竞赛活动的目标。

6. 虽然销售竞赛活动已经圆满落幕，但节约能源、保护环境的路途还任重而道远，还需要得到社会更广泛的支持与理解，无论是厂家、经销商还是消费者都应该把节能作为制造、销售和选购家电的重要因素，共同促进节能家电产品的市场繁荣。

操作说明

1. 和其他的营销活动一样，经销商销售竞赛也需要进行效果评估，以保证其按计划、高效率地进行。对每次竞赛活动均要总结经验寻找不足,为今后的促销工作提供宝贵的经验。

2. 对活动的效果评估,分为事前评估、事中评估和事后评估。它们的特点各异,作用各异。事前评估就是促销计划正式实施前所进行的调查测定,用以评估该计划的可行性和有效性,或以此在多个计划中确定出最佳方案。事前评估主要有征求意见和试验两种方法。事中评估就是在促销活动进行过程中对其效果进行评估,主要方法是消费者调查。事后评估就是在促销活动告一段落或全部结束后对其产生的效果进行评估。常用的方法有比较法和调查法。

五、相关知识

经销商销售竞赛促销活动的沟通

1. 经销商销售竞赛促销活动的启动。生产厂商、业务人员要拜访经销商,通过沟通向经销商说明竞赛促销活动的方法、时间和奖励办法等各项细节,并引导经销商如何争取获奖机会,鼓励其参与竞赛活动。

2. 对经销商的支持。生产厂商为使经销商更好地推销产品而采用的合作广告、售后服务、技术咨询、提供详细的产品技术宣传资料、帮助经销商培训技术人员、建立有效的管理制度以及为宣传生产厂商的企业文化而帮助经销商进行店面装潢设计的文化促销等。

3. 对经销商的培训:

(1)培训主要是通过帮助经销商扩大销售实现赢利,达到企业自身扩大销售实现赢利的目的。生产厂商为了使经销商能更准确地向用户介绍产品的优点、回答用户提出的产品性能和一般技术性问题、利用销售员与用户之间这种"第一界面"的特殊角色,宣传企业文化,采用集体培训的方式,对经销商的销售员进行知识、技能和仪态等方面的培训。这些训练的内容能反映在销售量的实际提升上。

(2)培训的内容为经营知识及技术。

1)说明新产品的特点等。

2)说明新产品的市场机会及主要目标消费者。

3)提高服务及管理水准。

4)提高销售技巧,如基础推销技巧和高级推销技巧。

5)了解经济和市场的动向并确立经营观念。

6)了解如何使业绩持续增长。

4. 对经销商的辅导:

(1)这是目前企业普遍采用的一种促销方式,生产厂商派专门的业务人员,协作经销商开拓市场、扩大销量,并为厂商与经销商的沟通架起一座桥梁。这种促销方式无论对市场开拓初期的"厂家得市场，经销商得利润"，还是市场成熟时期加强厂家对市场的掌控能力都是很有好处的。

（2）只有实现了生产厂商和经销商的双赢局面，才会有稳定的双方关系。对经销商进行辅导可能没有立竿见影的当前利润，但更多地还是体现在双方关系的巩固与维护上。

5. 企业刊物发行：

生产厂商为了定期与经销商传送信息、保持联系，可通过刊物形式，及时向经销商和用户传达以下信息。

（1）介绍新产品的研究、开发及投产情况。

（2）介绍新产品的性能及技术服务的改善动态。

（3）宣传企业的经营业绩和企业文化的创新。

（4）向经销商及用户发出市场营销调查表，以及时了解需求信息；回答他们提出的疑难问题。

经销商销售竞赛促销活动的效果

1. 生产厂商与经销商之间的经营利益相互统一，使经销商成为生产厂商"虚拟的"营销部门。

2. 在产业链上实现产销之间的有效分工，各抒所长，节省双方的经营成本，体现最佳效益。

3. 加强产销信息沟通，使双方更好地控制市场。

4. 实现整合营销和品牌忠诚的效果。

经销商销售竞赛促销活动的注意事项

1. 经销商销售竞赛虽以实现公司目标为前提，但为了能顺利执行，需站在经销商的立场考虑，制订竞赛规则。经销商在进货时，首先考虑的是商品销量的大小、能否从生产厂商那里获得价格优惠、能否得到完整的售后服务保证、生产厂商是否给予广告方面的扶持和技术上的合作等。如果这些方面使经销商得到满足，必然能赢得经销商的青睐。

2. 销售竞赛是生产厂商鼓励经销商在规定的期限内完成规定的销售业绩，因而销售竞赛同其他有奖促销形式存在明显差别：

（1）活动时间长，不属于短期促销。

（2）立足于建立经销商长期的产品经营习惯。

（3）奖品通常价值很高（如汽车、手提电脑、国外旅游计划等）。

3. 举办经销商销售竞赛促销活动的生产厂商，具有以下特点：采用"大经销制"的企业，其销售主要依赖于经销商的渠道，自己的业务能力很弱，新产品的上市推动及后续发展主要依靠经销商。

4. 举办经销商销售竞赛,可以激励经销商完成目标。这种方法,适合具有成熟品牌的企业,如果是优势不大的品牌,对经销商的激励作用不会很明显(除非运用一些得不偿失的奖励措施)。对于新进品牌,应该将更多的精力放在其他促销方式上。

六、典型案例分析

新浪搜索引擎全国销售冠军赛

在国内搜索引擎市场持续升温、各大搜索引擎服务商之间的竞争愈演愈烈之际,首届新浪搜索引擎全国销售冠军大赛于 2004 年 11 月 1 日正式拉开了帷幕。本次赛事将全国划分为 4 个赛区,共有 20 余家主要代理商的 100 余名销售代表参加比赛,所有的赛事进展情况均会在大赛官方网站(http://www.sinachampion.com)进行全程跟踪报道。

新浪搜索引擎是面向全球华人的网上资源查询系统,提供网站、网页、新闻、软件、游戏等查询服务,目前共有 16 大类目录,1 万多个细目和数十万个网站,是互联网上最大规模的中文搜索引擎之一。新浪搜索引擎的优势还在于它是目前我国唯一可同时进行多个数据库查询的新一代综合搜索引擎,在关键词的查询反馈结果中可以包含各类信息的综合搜索结果,最大程度地满足用户的检索需要,使用户得到最全面的信息。

2004 年互联网的全面复苏使企业的网络建设掀起了新的热潮,全球经济一体化趋势带来的日益激烈的竞争挑战已经成为每个企业必须面临的问题。经过对国内 500 多家重点企业调查发现：98.6%的企业已接入互联网，83.7%的企业建立了自己的网站。2004 年 3 月 iUserSurvey 进行的另一项调查表明，企业满意程度最高的网络营销活动仍然局限于较为传统的网站建设与域名注册等方面，个性化的网站推广、网络整合行销等服务的满意度则相对较低，而且普及程度也有待增强。在此种市场状况下，作为向企业提供互联网行销服务的主力产品，新浪搜索引擎以 5 年的经验积累，以及在资源、技术等方面的优势，不遗余力地为中小企业的信息化建设提供了一个全面、强大、有力的服务平台，使企业能够以极低的成本达到较其他方式更为出色的宣传与推广效果，加快企业的信息化进程，使企业能够在日趋激烈的市场竞争中脱颖而出，这不能不说是极具战略意义的作法。

目前新浪搜索在全国已经形成了由 600 余家代理商组成的大规模销售服务体系，以此为基础，新浪精心策划并组织了本届新浪搜索引擎全国销售冠军赛。据新浪副总裁周树华先生介绍，本次比赛将使搜索引擎的渠道体系更趋完善、合理，进一步提升服务质量，最终的目的是更好地服务于企业。

据悉，5 周的预赛结束后，总排名前 20 位的优胜选手将会受邀亲赴北京参加复赛和决赛，并有机会参观新浪网、与业界精英座谈、参加高级销售管理培训等活动。很多参赛选手表示，这次大赛不仅能够激发自身潜力、展示个人能力，更是一个学习交流销售技巧、丰富管理知识、增强团队精神、进一步提升自身职业素质的好机会，因此会全力以赴参加比赛，在为客户提供最佳产品与服务的同时，以良好的业绩为自己、为公司、乃至为自己所在的赛区争取一份荣誉。

12 月 3 日一大早，举办决赛的悦城大酒店门口就悬挂了"欢迎新浪搜索引擎销售精英"的大幅标语，一派喜庆气氛。20 名来自全国各地的销售精英陆续来到了酒店，不顾旅途的劳顿，又一次投入到了紧张的比赛当中。在经过了笔试、抢答两轮比赛后，共有 10 名选手获得了进入最终决赛的资格。

最后的决赛是由新浪的工作人员与选手一同进行的销售模拟赛，每位选手都使出了浑身解术，将自己的销售水平发挥得淋漓尽致，场下的观众不断为选手的机智和精彩的表现报以热烈的掌声。

比赛全部结束时，已经是 4 日的傍晚，华灯初上的京城显得格外妖娆，颁奖大厅里灯火辉煌，工作人员有条不紊地做着颁奖的准备，而选手们怀着紧张的心情期待着最后时刻的来临。

此次为获奖者颁奖的嘉宾是新浪前 COO 林欣禾与新浪前副总裁周树华。晚上 7 点钟，伴随着华美柔和的乐曲，林欣禾先生与周树华先生出现在颁奖现场，在大家热烈的掌声中，主持人宣布颁奖典礼正式开始。在颁奖典礼上，新浪前 COO 林欣禾道出了新浪将在明年推出一些更好、更先进、更有竞争力的搜索产品后，所有参加决赛的选手纷纷对新浪此举表示欢迎与支持。

颁奖典礼活动始终都充满着热烈的气氛，最后在林欣禾先生与周树华先生为获奖选手颁发大赛奖杯的高潮中圆满结束。至此，来自各地的销售精英们与新浪一起见证了本次大赛隆重的颁奖盛况，同时也对新浪为渠道商所做出的大力支持有了更深的了解与认知，极大地增强了对新浪产品竞争力的自信心。

案例分析：

新浪搜索引擎全国销售冠军赛的成功主要基于以下几点。

1．在经过了技术支持、内容提供、准确性等竞争之后，开始将目光转向渠道服务领域，真正做到了把渠道建设作为厂商的重中之重，这一战略调整非常正确、及时。

2．在大赛官方网站（http://www.sinachampion.com）上进行全程跟踪报道所有的赛事进展情况，使得竞赛宣传及时、全面，活动过程得到有效控制。

3．"新浪搜索引擎全国销售冠军赛"独辟蹊径，渠道建设上的创新思路具有可行性。在竞赛之余组织了与业界精英座谈、参观新浪网、参加高级销售管理培训、销售技巧现场培训等一系列活动。创新的大赛思路、精彩的赛程设计与诱人的激励奖金，除充分调动销售精英的销售热情之外，更形成了新浪与渠道代理商之间真实的互动，从而为新浪搜索引擎销售打造了更强大的核心竞争力。

七、实践练习

海南移动经销商竞赛促销活动实施方案

长途电话 IP 卡的市场竞争一直非常激烈，为鼓励渠道代理商积极销售，提高业绩，海南移动提出鼓励经销商互相竞争的竞赛制度，每年的销售额冠军将获得大奖，并根据季度销售额排名给予适度的奖励。

请针对移动 IP 卡做一个"长话卡经销商销售竞赛实施方案"，包括以下内容：

1．明确促销目的。

2．制订竞赛规则，包括竞赛时间、地点、参赛对象、竞赛实施方式以及奖项设置等内容。

3．开展竞赛宣传与促进。如何在网上发布竞赛消息？通过大众媒体宣传的方式是否合适？是否需要在终端张贴海报、发放宣传材料？

4．如何进行竞赛活动引导与教育？

5．竞赛过程检查和考核。怎么定期对经销商进行考核？根据业绩列出优胜者名单。

6．竞赛结果与奖励。表彰获奖者才能突出竞赛的结果及意义。

实训项目 13

会 议 促 销

一、实训要求

1. 了解会议促销活动的内容。
2. 掌握运用会议促销的基本方法,包括它的设计套路、需要考虑的问题、注意的细节、方案的格式等。
3. 了解会议促销的三个阶段、优缺点、成功因素和邀约方法。
4. 会分析一个会议促销活动的长处和不足。
5. 能根据一个实际场景写出会议促销活动的实施方案。

二、概念陈述

会议促销:在互动中占领市场

会议促销指企业通过寻找特定消费者,建立消费者数据库,邀约目标消费者参加会议、论坛、研讨会或展览会等活动,运用产品演示、科普讲座等方法,对消费者全方位输出企业形象和产品知识,通过亲情服务的方式,以专家顾问身份对目标消费者进行关怀和隐藏式销售的一种促销模式。通过这种方式,可以有效地把企业、团队或个人的观点、理念、行为乃至产品传播给受众,从而达到提高企业知名度、树立企业形象和增加产品销量的目的。这种模式始于20世纪90年代中期,成熟于90年代末期,在2004年进入最辉煌的发展时期。珍奥、夕阳美、中脉、天年等众多企业运用了这种模式,先在一个城市做试点,接着复制成功经验,然后在全国遍地开花。

三、情景导入

伊更美魅力女人沙龙促销

在20世纪90年代初,西方国家的医生发现东方妇女(主要以中国和日本为例）的更年期综合症比西方国家的妇女轻。究其原因，竟然是东方妇女经常吃豆制品的缘故。再进一步的研究发现，黄豆中有一种称为异黄酮的物质，具有类似人体雌激素的作用，且没有雌激素对人体的各种不利的副作用，因此它被冠以"植物雌激素"的美名。

雌激素对女性的一生是不可缺少的。在多种 HRT（雌激素补充疗法）药物的治疗下，妇女的外貌显得比较年轻，发作冠心病、骨质疏松症、老年性痴呆、白内障等的机会明显减少，妇女的生命质量得到提高，同时妇女的家庭生活质量也得到了明显的改善。一些在几十年前就开始服用雌激素的妇女至今仍能保持充沛的精力、体力和智力，就是雌激素带给妇女的影响。

修正药业集团生物工程公司生产的伊更美是国内植物雌激素类保健品中的名牌产品。在销售过程中，所选择的渠道除了传统的药店之外，还拓展了很多其他的渠道。特别是在和美容院合作方面做出了更多的尝试，同时也取得了很大的成功。如在重庆与雅芳公司合作，在美容院内实施的旨在重点推销伊更美产品的会议促销活动。

四、实景训练

会议促销活动的策划及实施过程如图 13-1 所示。

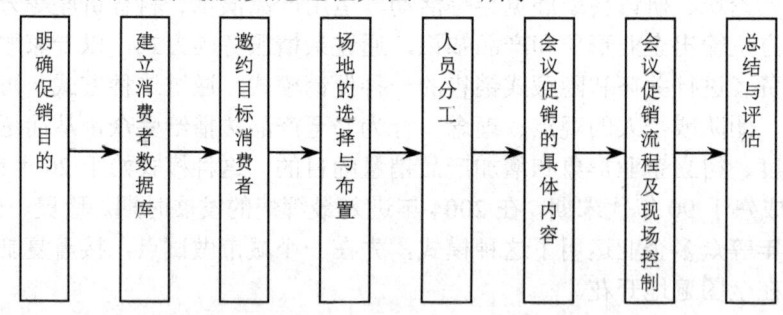

图 13-1　会议促销活动的策划及实施过程

[第一步]　明确促销目的

➥ 操作要点

1. 提高产品知名度。

2．提升企业形象。
3．促进产品销售。

📚 操作内容

在本案例中，伊更美活动的目的是：

1．借此活动之机，提高产品知名度，进而提升修正企业的形象。
2．倡导并推广养生美容，向健康要美丽；与当地消费者手拉手交知心朋友。
3．计划邀约100人到会，预计现场销售伊更美15 000元以上。

📄 操作说明

1．会议促销是为了有效地演示产品，宣传企业形象，拓展品牌认知度和增加产品销售。
2．会议促销的关键是企业与消费者之间、消费者与消费者之间的深度互动式的沟通，以加深彼此之间的了解与信任。
3．会议促销的最终目的是通过向消费者提供全方位、多角度的服务，以便与消费者建立长久的、稳固的关系，从而提高消费者的满意度和忠诚度。

［第二步］ 建立消费者数据库

➥ 操作要点

1．消费者档案必须真实、全面。
2．对档案实施有效的管理。

📚 操作内容

1．基本资料收集：姓名、年龄、职业（如自由职业、白领、蓝领、个体户、退休等）、收入阶层、工作性质（家庭服务、零售业、传媒等）、健康状况等。
2．行为数据收集：行为数据是有关消费者和潜在消费者与公司交往的历史记录，它能告诉我们消费者过去做过什么，如被邀时间、到会时间、购买地点、购买时间、购买原因、所购产品种类、每次购买额、购买频率等信息。
3．消费者数据存储：将收集到的消费者资料，以消费者为基本单元，逐一输入电脑，建立消费者数据库。
4．利用消费者数据库：以病症、区域、年龄等标准，筛选与活动相关的目标消费群体。比如，将要举行"中老年人如何防治亚健康"的健康讲座，可从数据库中调出所有具有亚健康特征的中老年人的相关资料，进行邀请，这样就可以大大提高活动的针对性。
5．动态管理数据库：
（1）及时更新消费者数据库。
如果消费者数据库中某些消费者已经变更了地址，或者一些人从不参加你的会议邀请,那么每次给他们打电话或寄邀请函就是浪费,这些消费者的数据资料应该及时更新或删除。

(2) 及时整理消费者数据库。

可能由于消费者提供的详细资料略有差异,企业的消费者数据库可能为同一个人保留了两条记录,导致业务人员可能会给同一个人打两次相同的电话而花费多余的钱,还可能会激怒其中一些消费者,所以这样的消费者记录就应该合并。

操作说明

1. 消费者档案必须包含 4 部分的内容:①基础资料;②产品消费资料;③其身体健康资料;④享受服务的资料。所有的这些资料必须建立在真实的基础上,这样才能对产品的研发和促销提供有效的支持。

2. 消费者档案不仅要有消费者个人资料,也要建立起家庭成员的资料库。消费者是消费产品的对象,应该包括产品的使用者、购买者、影响者、决策者等,什么是最基本的包括这些要素的单元呢?无疑是家庭,家庭是与个人关系最密切的因素,消费者的购买力更确切地说也应该是家庭的购买力,家庭成员应当是市场人员最有效率的营销对象。

3. 对资料库应实施动态管理,对资料进行整理、分析、归纳,随时增加有用的信息,剔除无用的信息。

4. 消费者资料库是企业开展服务营销、会议促销的关键所在,是企业创造和开发消费者终生价值的强力工具,充分运用消费者资料库可以更好地为企业的经营和管理服务。

[第三步] 邀约目标消费者

操作要点

1. 对目标消费者进行电话邀约、预约。
2. 上门拜访送请柬邀约。

操作内容

在本案例中,伊更美是这样邀约消费者的:

1. 整理分析消费者档案资料,选择符合要求的目标消费者,即经济条件较好,保健意识强,长期患疾病或已购买产品、功效明显,年龄一般在40~70岁的女性消费者。

2. 对所有美容师培训,提出只有能够迅速理解并促进销售的美容师才有资格参加会议现场的促销,同时公布奖励机制,指导美容院员工电话邀约消费者并确定初步邀请人数。

3. 上门拜访送邀请函,请目标消费者参加会议,并根据情况,进行两三次复访等。

4. 邀请函内容为,修正药业集团定于 2006 年 12 月 28 日在"达川天龙雅芳专卖店"举行年终答谢会,届时邀请妇科专家做女性健康讲座,现场安排有奖游戏及丰富奖品。欢迎您届时参加并祝您好运。

5. 会前对发放邀请函的目标消费者进行参会确认。

📋 **操作说明**

1. 举行会议促销的一个重要问题是如何把目标消费者请到活动现场。研究表明,电话邀约和上门送邀请函是两种较为有效的方法。

2. 美容师培训。
(1) 对参加会议的美容师讲解会议注意事项。
(2) 强化美容师的现场控制能力,以便提高整体的销量。
(3) 讲解产品的独特卖点,及现场的促销技巧。
(4) 对美容师掌握的伊更美产品知识进行考核,以确定参加会议现场的美容师人选。

[第四步] 场地的选择与布置

➡ **操作要点**

1. 根据目标消费者的生活习惯和消费习惯特点来选择活动的时间、地点。
2. 一般来说,可以租用星级酒店来提高活动的权威性和可信性。

📋 **操作内容**

在本案例中,伊更美在会议促销活动的场地选择与布置时考虑的内容如下。

1. 活动场地:达川天龙雅芳专卖店美容院(在知名品牌雅芳的美容院内推荐伊更美,可信度强)。
2. 场地布置:明显划分出签到区、讲座咨询区、产品宣传区、产品售卖区 4 个功能区。
3. 设备及物品准备:
(1) 签到用品——签到本、消费者档案表、赠品、手提袋。
(2) 宣传设备——主题横幅、展板、电视、VCD 机及光盘、投影屏幕、笔记本电脑(公司简介、产品介绍)、X 展架、条幅等。
(3) 宣传资料——伊更美宣传页、小册子、挂旗、证书复印件、照片。
(4) 产品陈列——伊更美产品、产品展示台。
(5) 活动用品——有奖问答的问题、有奖问答的奖品、发奖托盘、抽奖券、抽奖箱、幸运抽奖奖品。

操作说明

1. 活动地点应选择交通方便，在当地知名度高、档次高的宾馆、酒楼或饭店、相关单位的会议室或职工活动中心。
2. 根据参会人数的多少而确定场地的大小。

[第五步] 人员分工

操作要点

1. 按活动角色进行人员分工。
2. 人员培训及角色预演。

操作内容

伊更美会议促销活动的主要人员及职责如下。

1. 总指挥：负责确定策划书，指挥会场布置，安排人员就位，监控会议流程，督导全体员工现场言行，兼负责对消费者的招待和沟通，主持总结会。
2. 主持人：
（1）掌握会议节奏，调节会场气氛，渲染主题高潮。
（2）负责伊更美产品的讲解。
（3）主持游戏节目和有奖问答。
3. 业务人员 5 名：
（1）邀约消费者，落实荣誉消费者或忠实消费者到场发言。
（2）现场发放、收集、整理消费者登记表，收集新消费者资料，建立消费者档案。
（3）负责伊更美产品的讲解，与消费者沟通以达成销售。
4. 健康专家：
（1）主讲女性健康知识，讲解雌激素相关的知识及更年期综合症。
（2）与消费者互动，接受消费者咨询并答疑。
5. 美容师 15 名：
（1）每人负责与 5~7 名消费者沟通，配合主持人因势利导达成销售。
（2）与消费者建立关系、培养感情，为以后的销售做准备。
（3）会后整理消费者记录，保存档案。
（4）进行电话回访及售后服务。
6. 荣誉消费者 2 名：谈服用伊更美的效果和体会。
7. 出纳、收银 2 名：
（1）支付会议经费，开票、收银、售货。

（2）记录美容师的个人促销业绩。

8. 设备维护：宣传产品所需设备的准备、检查、维护。

9. 后勤、仓管：会场瓜果茶水的准备，预定员工午餐，布置产品陈列台、游戏道具，接待购物消费者，主动介绍产品，保管产品、会后清点、购买会场所需易耗品。

操作说明

1. 在会议促销活动前一天，组织召开动员大会，明确工作人员的岗位、职责，详细分工，强化活动的组织性、统一性、协调性，以便实现预期目标。
2. 最好进行一次预演，以便进一步熟悉岗位角色。
3. 总指挥要负责所有人都管不了的事；后勤要负责所有人都不管的事。
4. 不同岗位人员上报自己岗位所需要的物料，由会议总指挥统一安排。

[第六步] 会议促销的具体内容

操作要点

1. 安排适当的娱乐节目、有奖问答、幸运抽奖。
2. 健康讲座。
3. 荣誉消费者发言。
4. 现场销售。

操作内容

伊更美会议促销活动的具体内容如下。

1. 娱乐节目（约15分钟）：主持人带领全体人员合唱"只要你过得比我好"等歌曲，调动消费者的情绪，让潜在消费者不知不觉地融合到活动中。

2. 健康讲座（使用多媒体，约40分钟）：邀请××教授以××健康项目发言人身份出现，以突出权威性。讲座内容为，女人衰老的根本原因——雌激素的减少；更年期综合症；健康与美容。

3. 有奖问答（约5分钟）：一方面可以活跃现场气氛，另一方面可以让消费者了解本公司并熟悉产品。必要时可将答案提前告诉消费者，从而调动消费者的积极性。

4. 疗效体验（约10分钟）：选择2名形象好、口才好、皮肤处于年轻状态的、愿意为修正药业宣传的荣誉消费者发言，谈服用伊更美的感受（需提前沟通，应该送一些礼品）。还可以让荣誉消费者与重点消费者充分接触、沟通、导购。

5. 现场促销（约100分钟）：建议消费者进行身体检测和咨询，此时员工继续导购，刺激犹豫不决或情绪型消费者的购买欲，以便实现购买。

6. 促销政策：推出养生美容卡 1 800 元/张，享受产品的七五折优惠。

7. 幸运抽奖（约 20 分钟）：奖项与奖品可根据现场情况确定，最好每个人都中奖。

操作说明

1. 所有活动内容的安排都是为了实现活动目的。
2. 通过健康专家的讲座，增加产品效果的权威性。
3. 荣誉消费者谈服用效果和体会，可以增加产品效果的可信度。
4. 设置有奖抢答、游戏，不仅可以增加消费者听讲的注意力，更能活跃现场气氛。

[第七步] 会议促销流程及现场控制

操作要点

1. 流程设计应包含现场活动的全部内容，各个环节之间应顺畅连接。
2. 每个环节都应有人负责。

操作内容

1. 迎宾（全体员工在会场门口以标准礼仪列队）并引导消费者进入会场参观，与工作人员沟通，播放伊更美科普知识宣传片或者轻音乐。

2. 主持人宣布会议正式开始，并致欢迎词（全体员工停止一切活动，起立鼓掌，美容师提醒消费者关机）。主持人宣布会议进程，介绍答谢联谊会的内容，同时介绍专家和重点消费者。

3. 请达川天龙雅芳美容院院长讲话。

4. 忠实消费者或者荣誉消费者谈服用产品后的感受（美容师提醒身边的消费者注意听感受）。

5. 健康专家做妇科保健知识讲座（美容师提醒消费者注意听讲，因为抢答有奖）。

6. 有奖抢答，妇科专家点评（准备容易回答的 4 个问题）。专家咨询答疑，指导中年妇女保健（妇科疾病、更年期综合症预防及治疗）。此时为美容师第一促销时间段。

7. 修正药业公司重庆分公司总经理讲解大豆异黄酮及伊更美产品的相关知识（美容师提醒消费者注意听讲，抢答有奖）。

8. 有奖抢答，修正药业公司重庆分公司总经理点评（准备 4 题，易答）。此时为第二促销时间段。

9. 游戏（猜动作，猜对者有奖）。此时为第三促销时间段。

10. 抽奖。

11. 全场促销穿插于有奖抢答与游戏之中，同时也可以穿插美容师或消费者的节目表演。

12. 会议结束。

📋 **操作说明**

1. 全场不间断地播放产品知识宣传片，在活跃会场气氛的同时可以普及产品知识。

2. 在有人发言时，注意保持会场安静；适当时候给予掌声鼓励，避免冷场。还要制造声势，渲染主题，引入高潮，注意营造会场气氛。

3. 准备游戏节目及道具，届时控制操作、配合游戏无误。

4. 准备有奖问答题目及奖品，与消费者沟通以便达成销售。

[第八步] 总结与评估

➡ **操作要点**

对活动过程进行总结和评估。

➡ **操作内容**

根据本案例，为此次会议促销总结和评估如下：

1. 选择在达川天龙雅芳专卖店美容院里开展活动，充分体现了伊更美产品为女性提供美容服务的主要目的。

2. 选择皮肤好的忠实消费者以及妇科专家进行产品及保健介绍，提高了权威性与可信度。

3. 在现场活动中，三个时间段的促销具有强大的刺激力度，且安排在专家的保健介绍之后，更具吸引力。

📋 **操作说明**

1. 一个成功的会议，从筹备期起的公关宣传推广、预算控制到会议当天的活动执行与安全掌控，再到会议闭幕后的访客分析与优缺点总结等，均需计划周全、执行准确。

2. 会议促销活动的评估是以会议期间的销售量以及与目标消费者的关系递进作为依据来衡量的。

五、相关知识

💻 **会议促销的三个阶段**

1. 售前：根据消费者数据库确定目标消费者。

（1）潜在消费者信息的来源：
1）熟人，如亲属、朋友、同学、同乡、同事、战友、网友、邻居等。
2）通过熟人或消费者介绍。
3）生活中主动认识的陌生人。
4）各种社会活动（如俱乐部、会所活动、学习班、沙龙、旅行团、车友会、会展、义工联、教会、行业协会、企业家协会等），在活动中与不同的人建立良好关系。
5）在聊天室、论坛、各大财经网站、博客、个人网页、个人网站、QQ群、MSN群等平台上寻找潜在消费者。
（2）潜在消费者信息的内容包括，消费者姓名、年龄、家庭住址、联系电话、家庭收入、健康状况等。
（3）建立消费者档案数据库，并对这些信息进行分析整理，根据消费者需求状况确定目标消费者人群。
（4）确定会议的时间、地点后，邀请目标消费者参加。
2. 售中：会议促销的组织实施及控制。
会议促销主要以服务为主，通过以下一些活动来促成销售。
（1）专家通过讲座传授相关的观念及知识，进行免费的咨询、指导。
（2）使用者现身体验的效果说教，让消费者增加对产品的信赖。
（3）一对一的沟通，使消费者加深对产品的了解，及时解答消费者提出的疑问。
（4）为消费者尽可能提供产品功能以外的增值服务，让消费者感到物超所值。如免费检测、免费送货、打折、优惠、送赠品等。
（5）安排一些消费者喜闻乐见的文娱活动使其精神愉快。
3. 售后：跟踪服务。
（1）对未购买产品的目标消费者进行继续跟踪，通过一对一的沟通，消除其顾虑，促成销售。
（2）对购买产品的消费者以电话回访或上门服务的方式进行售后跟踪服务，加深情感交流，指导产品使用，并对使用前后的效果进行比较，形成良好的口碑，还可作为典型案例用于宣传，具体内容如下。
1）定期电话回访一次，了解使用效果，每月邀请其来公司作一次健康检测，对照比较使用效果，使其增加对公司及产品的信任。
2）每逢节日或消费者生日时，根据消费者的消费情况，可采取多种祝福方式，如电话问候、送贺卡或赠送礼品等，加深与消费者之间的情感沟通。
3）消费者产品使用完时，通过使用前后效果的比较说明，促使其继续购买或向其朋友推荐，邀请其参加公司举办的各种联谊活动。

4）不定期给消费者寄送"企业快报"之类的宣传品，内容包括服务信息、活动通知等。

5）在重大节日，有选择地组织消费者进行生动活泼的活动，如文艺表演、体育比赛、郊游等。

会议促销的优缺点

1．优点：

（1）会议促销是直接针对目标消费者人群进行的促销模式，因此减少了广告宣传的盲目性和不确定性，提高了资源的利用效率。

（2）一对一的沟通，能够了解目标消费者的需求，并及时解决消费者提出的问题，消除消费者对产品的信任危机，满足消费者个性化的需求，还能为其提供产品功能以外的增值服务。

（3）能够直接了解第一手的市场信息，便于企业及时调整产品开发和营销战略。

（4）在现场容易营造销售气氛，刺激消费者冲动购买。

（5）会议促销销售环节加快，周转便利，没有积压大额货款的担忧，可以使企业在短期内收回投资，是直接产生销售利润的最佳途径。

（6）极大地利用社会资源，让品牌在短期内为目标消费者群体所熟悉。

（7）能够在短时间内有效地帮助企业产品快速抢占市场。

（8）投资相对较少，而且从投入产出来看，其效益也比较合理。

（9）从业人员的收入丰厚。

2．缺点：

（1）由于目标消费者人群信息来源的真实性难以确定，而且邀约人群的到会率也无法预测估计，因而给会议的组织实施带来不便。

（2）会议促销的产品功能直观明白，效果能够亲身感受或客观可测。

（3）会议促销从组织到实施费用较高，所以要求产品利润空间较大，企业才会有赢余。

（4）会议促销需要目标消费者有较多的空余时间来参加会议，因此，采取这种方式促销的产品大多是中老年人使用的产品。

会议促销成功的因素

会议促销的成功与否，取决于很多方面的因素：

1．邀约的质量，参加会议的目标消费者来之前的意向程度如何，即意向性处于哪个阶段：想了解相关知识、相关产品功能？还是购买产品？

2．邀约的数量，指的是有效目标消费者群体的数量。

3. 会议组织及实施，会议内容的安排是否合适，流程的各个环节是否衔接良好、人员分工是否清晰到位、场地灯光应该如何布置、音响效果好不好、讲座是否适合本地的目标消费者、讲师在这个地区的口碑如何、会议期间出现突发事件的应急预案准备等。

4. 企业的促销策略及操作模式是否具有吸引力？是否适合当地市场的操作？

5. 企业员工的沟通能力和签单能力如何？

6. 会议同期有无其他同类企业在进行会议促销，和本企业之间有无冲突，是否会分流一部分客源？

7. 会议促销锁定的目标消费者在短期内有无参加过其他同类企业的会议促销，有无购买产品？数量和金额是多少？

会议促销的邀约方法

1. 电话邀约：

（1）电话邀约的步骤如下。

1）说明身份：接到陌生人的电话，接听者通常持有一种戒备心理。所以亮明身份，把自己介绍给消费者，这是成功邀约的前提。

2）消费者沟通：询问消费者对公司及产品的了解，食用产品的效果、病症的改善情况等。一是显示公司对消费者的关心，售后服务的寄送；二是沟通感情，为正式邀约打基础。

3）发出邀请：邀约消费者参加公司组织的活动，可以简明告之活动举办的时间、地点和大致内容，重点突出此活动为消费者带来的好处，以引起她们足够的兴趣。

4）确定地址和送函时间：如果消费者表现出很浓的兴趣，就可以确定她的详细地址和送函时间。

（2）电话邀约的沟通技巧如下。

1）礼貌和友好：根据当地习俗，用好称谓，熟练掌握"您好"、"请"、"再见"、"对不起"、"谢谢"等礼貌用语，不要用"你"称呼对方；对方说话时，做到礼貌倾听，用"噢"、"喔"或重复对方的话表示你一直在听她讲话。

2）控制交谈的时间：电话交谈时，没有人希望被打扰得太久，整个邀约过程的完成要简洁而快速，一般控制在3～5分钟。

（3）电话邀约时的注意事项如下。

1）为提高邀约的成功率，应选择重点目标消费者。

2）如果被消费者拒绝，切不可动怒生气，仍应保持礼貌用语。比如"没关系"、"欢迎下次再来"等。

3）切忌在早餐、午休或晚新闻时间打电话。

2．上门送函：

（1）上门送函的步骤如下。

1）上门送函体现公司邀请的诚意，表达公司对消费者的尊重。

2）面对面地深入沟通，可把活动的主要内容和程序详细介绍给消费者，为现场促销打基础。

3）借此充分了解被邀约对象健康意识、文化层次、购买实力等情况，以便在现场促销时做到心中有数。

（2）上门送函的沟通技巧如下。

1）根据消费者的年龄、衣着、行为特点来判断消费者的喜好，然后再向消费者推荐。

2）推荐时，语气应平稳柔和，不能生搬硬套，要站在用户立场上，引导其提出问题，逐步提起消费者兴趣。

3）介绍产品特点时，应把产品的功能与消费者的实际问题（疾病关系）联系在一起，刺激购买欲望。

4）当消费者产生兴趣时，引导消费者参加活动，把活动的主要内容、产品优惠详细介绍给消费者。

（3）上门送函的注意事项如下。

1）送函前与消费者再次电话联系，告诉对方到达时间。

2）合理分配送函任务，把送函线路大致相同的邀请函集中由一人发送，以节约时间和精力，提高送函效率。

3）促销员是消费者了解企业的窗口，衣着整洁大方，干净得体，不得浓妆艳抹，奇装异服。

六、典型案例分析

促销美容卡的慈善会议

希望美容公司针对新加盟的美容院在当地的知名度较小、顾客少、业绩差、同行业之间竞争同质化严重等不利因素，策划实施了一场主题为"关注弱势群体　传播爱心"的公益慈善性质的会议促销活动，想达到以下的目标：

1．提升美容院在当地的知名度及美誉度。

2．提高本公司及美容院的品牌知名度，快速回收资金增加销售业绩。

3．在全市内迅速拓展高端新消费者群体、增加新消费者、增强消费者忠诚度。

4．通过此次活动提升美容师的专业素质及服务意识。

5．加强团队建设，增强凝聚力。

6．建立美容院优秀企业文化、增强核心竞争力。

7. 有效地整合公关资源，为美容院联合商家经营打下基础并摸索出方法。

活动前，希望美容公司进行了细致的准备，首先对参会的人数作出了预估，确定合适的活动场所。为了保证会议的人数和参会人员的质量（参会人员尽量是高收入群体，有消费产品的能力，保证销售的成功），所以主办方邀请了一些单位参与和赞助（都是当地有影响力的单位或关联品牌专卖店，如女士服装、饰品、婚纱影楼、休闲会所、医疗保健院、大型美发机构、中国电信、中国移动、房地产等，为的是让这些单位把自己的会员也号召过来参加，因为行业不同，相互之间没有竞争，而针对的目标消费者基本一致，所以反而可以做到会员的共享。这些不同单位的参与可以增加活动的影响力，参会的单位必须拿出自己的一些奖品和优惠措施，这样加大了奖品的力度，有力于提高销售额，在参会的同时也使得这些单位的知名度和美誉度等得到提升，所以也获得了很多单位的认同和参与。

为了提高慈善活动的正规性和影响力，主办方还邀请了相关主管单位，如希望工程、红十字会、妇联、福利机构、公正处等机构的领导（并要求授予捐款箱，并贴好封条），还对当地的媒体进行了公关运作，让媒体感觉到这一事件的社会影响重大，争取他们以新闻或者公益栏目的形式进行报道。

接下来寻找受捐助的对象。主办方的营销人员明白，受捐助的对象不能模糊和抽象，否则不会引起好的效果，应该以白血病、失学儿童、贫困家庭、孤寡老人、山区学校学生等弱势群体为主，这方面媒体有着比较多的资源，从受捐助的对象当中，经媒体介绍，主办方选中了一个因父母双亡只与其爷爷相依为命的失学少年，这个少年以前在学校品学兼优，由于照顾卧病在床的爷爷而辍学，媒体认为这样的受捐助对象比较能唤起人们的同情。

在消费者邀约方面，除了让赞助单位通知自己的会员之外，还要做好忠实消费者的邀约工作，并请老客户带新客户参加。在当地的加盟美容店内做好宣传，广告宣传以"关注弱势群体　传播爱心"为主题，并配合大幅户外广告宣传，吸引当地的消费者以及有爱心的人士的关注和参与。

考虑新老消费者的特性，采用了连环销售策略，整体上运用会员美容卡体系，如活动期内可累积、已开年卡或项目卡的客户可充值等。

根据顾客的消费能力，主办方推出了A、B、C套餐：

A套餐为年消费10 000元的当地美容院爱心卡一张，同时主办方拿出1 000元以该消费者的名义赠予受捐助对象。

B套餐为年消费6 000元的爱心卡一张，主办方拿出400元以该消费者的名义赠予受捐助对象。

C套餐为年消费3 000元的爱心卡一张，主办方拿出200元以该消费者的名义赠予受捐助对象。

由消费者现场缴纳不同比例的定金来获得爱心美容卡。

活动如期进行,参加会议的消费者先在入口处签到,领取了抽奖券后落座,之后是嘉宾入场,随着一场由全体美容师一起演绎的"让世界充满爱"的温情舞蹈,拉开了活动开始的序幕,经过主持人和嘉宾的致词讲话之后,活动逐渐达到高潮,真正的慈善捐助开始了,主持人饱含深情地讲述了受捐助的失学儿童苦难的生活经历和坚强不屈的精神,以及渴望上学改变命运的心情,无不令在场的消费者为之动容。在主持人声情并茂的讲述和现场音乐配合下,气氛达到了极点,众多的消费者被不幸孩子的遭遇和坚强所感动而流下了眼泪,甚至希望公司和美容院的很多职员都泣不成声。主办方趁热打铁,在随后的爱心卡拍卖和现场抽奖环节上,消费者们的爱心和热情已经被充分调动起来,一场活动做下来,爱心卡拍卖了几十张,直接产生的捐助金额达到了两万元左右。在现场公证人员的监督下,由主办方的领导把捐助金直接送到受捐助者的手中,鼓励他重返课堂,争取早日成才。失学少年向在场的消费者深深地鞠躬致谢,感人的场面获得了与会者阵阵热烈的掌声。美容院的爱心美容卡也破天荒地达到了近三十万的预订额,随后,当地的媒体对整个活动进行了报道,引起了很大的反响,极大地提升了美容院以及企业品牌的知名度和美誉度,活动收到了经济效益和社会效益的双丰收。

案例分析:

在本案例中,希望公司会议促销的成功主要是把握好了以下几个环节:

1. 关键的一点就是抓住了目标消费者情感上、心理上的"软肋",动之以情,通过捐助公众比较敏感的弱势群体,成功地得到消费者的好感、信赖和支持。
2. 在活动的组织上,广泛争取同道者,达到了"众人拾柴火焰高"的境界。
3. 对活动流程的安排和现场气氛的营造很到位,保证了活动的成功。

七、实践练习

海南邮政"思乡月"月饼品尝会促销活动实施方案

月饼销售每年都是广告漫天飞,但如何抓住大客户,开辟新客户,始终是月饼生产、经销厂商每年最关注的问题。为了促进集团客户积极购买,海南邮政于2008年8月1日在海口进行了一次会议促销,目的是通过专家的讲解和现场咨询服务,使消费者了解本年度月饼的花样与口味,逐步形成稳定的大客户群体;通过咨询和填写大客户登记表,建立自己的销售档案库;以活动为题材进行广告宣传,扩大产品影响,提高产品知名度和美誉度,达成良好的销售业绩。

请你为海南邮政设计还原一个会议促销方案,并注意以下要求。

1. 明确促销目的:举行会议促销的主要目的是能够提高产品知名度、提升企业形象以及促进产品销售。

2. 建立消费者数据库:根据产品的主要特性确定产品的目标消费群体,并且逐步建立消费者数据资料库。

3. 邀请目标消费者:通过电话邀约或上门送函,按照事先准备的消费者数据库资料向目标群体发出邀请。

4. 场地的选择与布置:选择在社区或酒店举行会议促销活动。

5. 人员分工:在明确目的、确定主题的情况下,明确所有参加员工的各项分工。

6. 会议促销的具体内容,流程及现场控制:在会议促销活动过程中,必须注重细节,既要安排好各项活动流程,也必须设计出促销活动中可能出现的状况以及应对方案。

7. 总结与评估。

实训项目 14

户 外 路 演

一、实训要求

1. 了解户外路演活动的起因和发展。
2. 掌握运用现代户外路演活动进行促销的基本方法，包括它的设计套路、需要考虑的问题、注意的细节、方案的格式等。
3. 了解现代户外路演的相关知识。
4. 会分析真实的户外路演促销活动的长处和不足。
5. 能根据一个实际场景写出现代户外路演促销活动的实施方案。

二、概念陈述

户外路演——促销交响乐

顾名思义，户外路演是在马路上进行的演示活动。早期华尔街股票经纪人在兜售手中的债券时，为了说服别人，总要站在街头声嘶力竭地叫卖。路演（Road Show）一词就是由此而来的。到后来，虽然有了交易大厅、先进的电子交易手段，但路演的习惯还是保留了下来，而且，路演已经成为国际上广泛采用的股票发行推介方式。

后来，户外路演被商业企业成功地用作面对消费者进行的大型户外综合性产品推广和介绍活动，这时其概念和内涵已发生改变和延伸，成为包括媒体发布会、产品发布会、产品展示、产品试用、优惠热卖、以旧换新、现场咨询、填表抽奖、礼品派送、有奖问答、文艺表演、游戏竞赛等多项内容的现场活动。

户外路演活动能够直面、快速地与消费者产生"化学反应"，通过与消费者的直接沟通而树立品牌形象，更直接拉动产品的现场销售，主要用在新产品上市阶段。

三、情景导入

柯达户外路演　体验数码魅力

柯达公司很早就意识到数码影像里的巨大商机，十几年前就开始在数码应用领域进行投资，并取得极其丰硕的技术成果，拥有包括核心的 CCD 传感器等一千多项色彩还原的专利技术。这使得柯达在传统影像上的色彩优势在数码影像领域得到延伸和继承。

在柯达公司以往的宣传策略中，广告的主要诉求是"亲情"，而索尼、奥林巴斯却在"时尚"和"个性"上大做文章，很显然后者的市场认同度更高一些，所以尽管目前许多数码相机都在使用柯达的专利技术，但柯达在数码相机市场领域的雄心壮志却一直被索尼、奥林巴斯所遏制，未能如愿。

柯达公司在认真分析了柯达产品特点和消费者的认知心理后，明确了色彩才是柯达真正的优势，也是柯达数码相机应该凸显的品牌基因，为了放大"色彩，无处不在"的广告诉求，让消费者体验柯达数码产品色彩还原能力强的功能，更加明确柯达和其他数码相机的品牌区别，柯达公司以户外路演的形式实施了产品的推广销售活动。

四、实景训练

户外路演促销活动的策划及实施过程如图 14-1 所示。

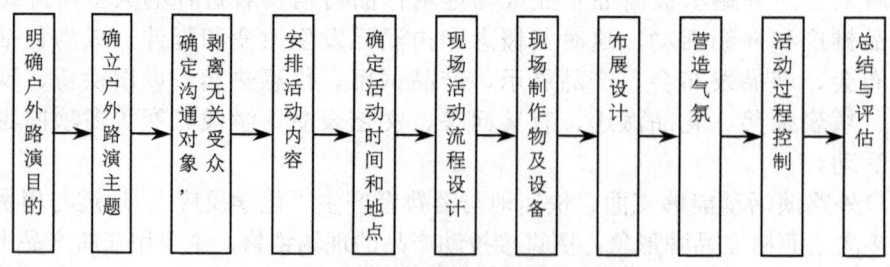

图 14-1　户外路演促销活动的策划及实施过程

实训项目 14　户外路演

[第一步] 明确户外路演目的

➡ 操作要点

1．提高产品知名度。
2．提升企业形象。
3．促进产品销售。

🔷 操作内容

在本案例中，柯达户外路演活动的目的是：

1．进行产品宣传推广活动，扩大对目标群体的影响，树立柯达"色彩，无处不在！"的品质形象，提高产品知名度。

2．借活动之机，提高品牌美誉度，进而提升柯达企业形象。

3．进行产品的卖点传播，并把柯达数码相机、多功能底座打印机作为树立柯达影像产品色彩还原能力强的品牌形象的有力支持点，促进销量。

4．促进经销商与柯达的关系良性发展，增强商家信心。

5．收集有效市场信息。

📖 操作说明

1．路演相当于一种媒体，关注它的人的多少，在一定程度上说明它的价值。因此，路演的目的就是要吸引消费者的眼球，引起消费者的持续关注。

2．路演相当于一次公关，公关对象为普通的消费者，公关效果的好坏，体现在消费者对本次路演的主动性上。因此，路演的目的就是要吸引消费者参与，引起消费者的内心共鸣，加深企业在消费者心中的印象。

3．经过沟通把握目标消费者的下一步动向，通过户外路演激发他们的潜在需求，以引领一种吸引目标消费者的潮流。

[第二步]　确立户外路演主题

➡ 操作要点

1．反映新产品（服务）的特点——鲜明。
2．简短、易于上口——简单。
3．要表现户外路演活动的基本内容——有号召力。

🔷 操作内容

在本案例中，柯达户外路演活动的主题是什么？
1．色彩，无处不在！
2．我的感觉，我的色彩！

📄 **操作说明**

1. 主题要含有目标消费者关心的兴趣点。
2. 主题传达的信息应清楚明白,这样,真正有兴趣的人自然会来参与。
3. 主题应通俗顺口,容易明白与记忆。如康师傅"煮面"上市时就采用"煮王争霸赛"为活动主题,一来说明产品是"煮面",二来表明基本的活动方式为"争霸赛"。

[第三步]　确定沟通对象,剥离无关受众

➡ **操作要点**

1. 确定目标受众。
2. 剥离无关受众。

🛡 **操作内容**

在本案例中,柯达在户外路演活动中剥离无关受众的行动如下:

1. 在对数码相机的目标消费者进行了分析后,把目标消费群锁定在一个较小的范围内,时尚个性的青年、情侣和具有较高知识修养的中年人,在策划时就从活动流程设计上筛选受众。
2. 在演出活动现场,主持人先通过自己的判断进行筛选,然后有选择地邀请目标消费者参与现场的问答、游戏和体验活动,经过多轮闯关游戏和知识问答的筛选,可以剥离掉无关受众。在与目标消费者进行了充分交流后,由现场导购小姐引导目标消费者进入产品展示区参观、游戏区体验、产品售卖区选购。
3. 现场工作人员应密切配合主持人,对现场进行监控,防止少数人为了获得企业提供的纪念品,而重复参与游戏和活动。

📄 **操作说明**

1. 每次产品户外路演的目的是对真正的目标消费者进行有效的交流和宣传,为此必须剥离无关受众。
2. 无关受众的介入,将会影响目标消费者的参与交流,也会影响产品在目标消费者心目中的品牌形象。如在某大型超市门口进行的中高档快速消费品户外路演,火爆的劲歌热舞吸引了很多人驻足,但围观人群中大多是附近建筑工地的建筑工人。主持人和演职人员为了吸引更多的人围观,"尽职尽责"地表演和宣传,但这种吸引对于产品和企业形象的宣传没有现实意义,因为在这样的情景下真正的目标消费者不会参与。对于非目标消费者而言,户外路演吸引他们的是产品以外的东西。对于企业来说,这类受众不具备足够的消费能力,因而也就不是企业的目标消费者,这样企业的投入也不能获得良好的回报。

实训项目 14　户外路演

3. 靠演出吸引人，靠游戏和活动筛选人和留住人。

[第四步]　安排活动内容

➡ 操作要点

1．安排适当的文艺演出。
2．编制难度适合目标消费群体的游戏，进一步感受产品，体验活动主题。
3．举行特卖，直接拉动产品的现场销售。
4．邀请消费者填写市场调查表。
5．发放赠品，进一步延伸广告宣传。

➡ 操作内容

1．安排了电声小提琴做热场表演，它独特的音质、热情奔放的节拍与数码相机这一时尚类的消费品有很好的关联性，对目标消费群体有很强的吸引力。

2．整个活动都围绕着"色彩，无处不在"的明确定位来展开。在体验区里进行"我的感觉，我的色彩"的体验游戏，通过体验游戏，强化色彩主题。具体做法是：

（1）每个参与者用鲜艳的油彩，在柯达公司提供的白色 T 恤上画出自己心目中的柯达品牌的形象。

（2）画作完成后，主持人邀请创作者带着自己亲手创作的 T 恤到舞台上用柯达数码相机留影，再用柯达多功能底座打印机把拍好的数码照片现场打印出来。

（3）主持人现场展示打印的照片色彩，并和 T 恤上的色彩相互对比，以此突出柯达数码相机在色彩还原方面的技术优势，同时宣传柯达数码相机的主要卖点和"色彩，无处不在"的品牌定位。

这一游戏让参与者在体验中触摸色彩，通过体验的过程加强了目标消费者对产品的感受，使拍照这一原本短暂枯燥的行为变得丰满有趣，同时使拍照的过程和留下的照片都成为了一个个鲜活的广告载体，延伸了柯达数码相机在消费者心目中的品牌形象。消费者在选购数码相机时，将会想起柯达曾经赋予过快乐的使用体验。

3．为现场购买数码相机的消费者提供了促销优惠套餐，即每购买一部柯达数码相机，就赠送当时市场价值 800 元人民币的柯达多功能底座打印机，这种现场赠送的方式进一步刺激了潜在购买群体的购买欲望，直接促进了产品销售。

4．现场向过往人群（主要集中在有消费能力的中青年）派发活动 DM 单，吸引了大量的准消费者到现场参加活动。

5. 给每一位填写了消费者调查表的观众赠送腰包、雨伞、T恤、胸徽等纪念品,从而吸引了更多的观众参与,并且通过赠品进一步延伸广告宣传。

6. 通过现场咨询来解决消费者在购买、使用柯达数码相机,多功能底座打印机中的一系列问题。讲授如何简单有效地使用柯达数码相机、多功能底座打印机进行生活的"艺术再创造"。

操作说明

1. 表演节目要围绕产品进行,不能自说自话,不然人气有余,但广告、促销效果没到位;文艺节目应注意与产品的有效融合,加强对产品的宣传,不能搞成一场纯粹的文艺演出活动;表演的节目、游戏和活动要有创意,注重和现场观众的互动,只是唱歌、跳舞或是模仿一些游戏节目已经不能满足大多数消费者的期待值,如蒙牛公司在促销活动中通过跳一段蒙古舞来加强牛奶是来自大草原的概念。

2. 观众参与的游戏也要加强对产品诉求点的宣传,如山东鲁花集团公司通过剥花生比赛来加强鲁花油以花生为主的主题。

3. 赠品的选择也要与产品相结合或就是产品本身,如统一集团为推广泡椒牛肉面开展的户外路演活动,观众参加游戏后,统一送出的赠品是一包泡椒牛肉面,既节省了买赠品的麻烦,又相当于做了一次免费派送样品的活动,让观众不但参加活动还品尝了产品,一举两得。如果无法将产品作为赠品,至少也应该选择与产品有关联的(如化妆品送美容手册、电脑送鼠标垫等)或在赠品上印上企业名称作为流动广告,时刻提醒消费者。

4. 把产品巧妙地融合到活动宣传中,平衡好节目表演和产品宣传的比例,熟悉产品特性,掌握产品的品牌定位,把握好宣传的时机,和目标消费者进行有效沟通。为了拉动现场销售,还要掌握好产品赠送、产品优惠等重要的促销环节。

5. 为了和消费者进行更好的深层沟通和交流,使产品在消费者心目中超越感性认识,应该充分利用户外路演活动机会开展市场调查,主动启发消费者的理性思考,了解消费者的心中所想。这种小型的街头调查,虽然不一定能深刻洞悉消费者的消费心理,但已经触发消费者的思考,加深了柯达数码相机的产品特点和产品品牌在消费者心目中的印象,这就是调查的意义所在。而要扫描整个产品的宏观市场环境,并不是在一次的户外路演活动中就能够做到的。但如果公司能够坚持在每一次户外路演中都做到和做好这一点,长期的积累也许就能显现出相应的价值。

[第五步] 确定活动时间和地点

操作要点

1. 根据目标消费者的生活习惯和消费习惯特点来选择活动时间、地点。
2. 须经场地所有权单位的同意,获得工商局广告管理科的审批,取得环保、城建、交通、卫生等部门的"准行证"。

▷ 操作内容

在本案例中，选择户外路演活动的时间和地点时应考虑以下内容。

1．活动时间：2004年9月10日～2004年9月12日（此时正值周末，秋高气爽）。

2．活动地点：北京中关村鼎好电子商城门口（此商城位于中关村大街和北四环的交汇口，是中关村航母级商城，不论在经营规模、硬件设施，还是功能配套等方面，都是整个业界首屈一指的，是目标消费者经常光顾的地方，且来往交通非常便利）。

▷ 操作说明

1．目标消费群体集中或目标消费群体容易到达的地方就是活动举办的好地方。要考虑活动想吸引的参与者到现场的距离、交通工具的方便程度、交通路途时间、交通成本、消费者参与促销活动得到的好处是否高于他付出的各项成本等因素。不可让大部分人感到太远、成本太高，从而失去参与热情。

2．场地位置的选择要慎重，太偏起不到"吸引人潮"的目的；太小会使得人群拥挤，活动无法展开；太大会聚不起人气，而且难管理、难控制（如果场地太大就适当用太阳伞、围栏等工具"圈地"）。比较好的活动场地是市中心广场、商业中心广场、客流量高的大型卖场（百货商场）门口等。但需注意，有时在这些地方赚取的人气并非真正的目标消费群体，于实现真正的销售没有多大的意义。而且太拥挤会使真正的参与者失去兴趣。

3．在现场活动地点选择上，注意夏天避阳（阳光直射的环境下，消费者不会停留太长时间，自己员工也受累）避雨、冬天避风，不要让参与者经受日晒雨淋。如今的消费者，越来越注重享受与生活品质。加上众多的促销活动不断冲击，消费者见得多了，地点、时间选不好，可能来的人就很少。

4．活动时间应以目标消费群体的方便而定，并非只有周末，节假日才是恰当的时间，还应谨慎规划活动的时间长度（一般2～3小时为宜）。

5．一般来说，凡户外销售宣传性活动，首先须经选定场地所有权单位的同意，获得工商局广告管理科的审批，取得环保、城建、交通、卫生等部门的"准行证"才能保证活动正常开展。活动能否顺利举行，与他们的支持关系甚大，一个部门出现卡壳，即可能导致整个活动改期或流产，使企业形象受到损害。因此，保持良好的政府公关关系至关重要。

[第六步] 现场活动流程设计

▷ 操作要点

1．活动正式开始前及各个环节之间通过表演节目热场。

2. 主持人开场白，介绍活动内容，宣布试用、特卖、游戏等持续性项目开始。

3. 主持人介绍企业文化，介绍产品，咨询小姐展示产品。

4. 主持人对观众有奖问答。

5. 主持人总结，向消费者致谢，宣布试用、特卖停止。

操作内容

本案例中，柯达的户外路演现场活动流程如下。

1. 用电声小提琴来做热场表演，不仅迅速聚集了现场人气，也是对数码相机这一时尚类消费品的准确诠释。现场活动正式开始。

2. 主持人开场白：敬爱的顾客朋友，感谢你们光临柯达"体验柯达数码，感觉色彩魅力！"活动现场。

介绍活动内容："我的感觉，我的色彩"体验游戏，购买一部柯达数码相机，赠送当时市场价值800元人民币的柯达多功能底座打印机套装；填调查表送纪念品。

宣布体验游戏、产品特卖、填表送礼开始。

3. 电声小提琴热场表演。

4. 主持人简述柯达企业文化，介绍柯达数码相机和多功能底座打印机的性能特点，咨询小姐展示具体产品。

5. 主持人邀请创作者带着自己亲手创作的T恤到舞台上用柯达的数码相机留影，拍好的数码照片现场打印。主持人现场展示打印的照片色彩，并和T恤上的色彩相互对比，以此突出柯达相机在数码相机色彩还原方面的技术优势，同时宣传柯达数码相机的主要卖点和"色彩，无处不在"的品牌定位。

6. 根据需要循环第3步～第5步。

7. 主持人总结，向消费者致谢，宣布活动结束。

操作说明

1. 流程设计应包含现场活动的全部内容，各个环节之间应顺畅连接。
2. 每个环节都应有人负责。

[第七步] 现场制作物及设备

操作要点及说明

1. 用于<u>企业形象宣传</u>的设备。
2. 用于产品宣传的设备。
3. 用于消费者体验产品或服务的设备。
4. 用于促销的设备。

5. 用于沟通咨询的设备。

 操作内容

本案例中柯达户外路演活动所用的现场制作物、设备及作用如下。

1. 小型舞台一套（4×2米）。

2. 专业豪华音响一套（含音箱4个、音控台1个）。

3. 彩电、VCD一套：循环放映企业形象、产品宣传片。

4. 样机及活动展台2套（1.2×0.5米）：用于展示柯达数码相机和多功能底座打印机。

5. 标准专业促销台一张。

6. 精致开票售卖台一张，"现场特别销售"小桌牌一个：用于产品现场售卖。

7. 桁架+喷绘背景板1个（5×3米）：展示"我的感觉，我的色彩"的活动主题。

8. 易拉宝2个（1.6×0.7米）：以充分宣传和展示柯达数码相机和多功能底座打印机产品的特点。

9. 展板4个（1.2×0.6米）：用以表述产品介绍、企业简介、活动须知等内容。

10. 活动海报10张：现场活动宣传，介绍体验游戏等内容。

11. 资料架3个：存放各种产品宣传单供观众自由取用。

12. 画架、画笔等绘画工具10套，折叠椅20把：供消费者体验用。

13. 白色T恤300件：供消费者体验用。

14. 消费者调查表1 000份：用于了解消费者需求、产品认知度、产品属性、喜好程度、消费习惯、对企业印象、建议等内容。

15. 腰包、雨伞、胸徽各300个/件：向观众发放纪念品，用纪念品延伸企业在消费者心目中的品牌形象。

[第八步] 布展设计

 操作要点

1. 通过现场布置，营造色彩主题。
2. 建立表演区、产品展示区、产品售卖区、体验游戏区、纪念品发放区等。
3. 陈列样品，摆放广告宣传品、纪念品。

 操作内容

本案例中，可以这样进行柯达户外路演活动的布展：

1. 户外路演的地点安排在鼎好商城的门口，活动现场的通道与商场入口相连，在活动现场入口处放置明显的海报告知活动内容，这样消费者在进入商场时很容易进入到户外路演现场参加活动。

2. 虽然受到了场地的限制，但由于整体场地方案采用了开放式设计，还是较好地隔开了表演区、体验区、展示区和售卖区，方便顾客在现场的自主选择。

3. 整个现场都以柯达的标志色——红色和黄色为主，较好地营造了轻快、活泼的整体氛围。在人员服饰上，主持人和演员都按要求穿上颜色鲜艳的衣服，配合柯达的主题宣传。

4. 搭建一个非常醒目的舞台，形成整个现场的"眼"，供电声小提琴作热场表演。

操作说明

1. 整个场地的布置（包括各种宣传品、展示柜、舞台器械甚至工作人员的服装）要突出品牌的主色调，与产品形象代言人、产品LOGO（标志）和产品实物一起烘托氛围。

2. 舞台的布置一定要吸引消费者的眼球，展示企业实力和产品形象。还要与周围的环境和谐。

3. 安排明显的主入口，便于管理。入口处要有明确的海报告知活动内容；户外路演现场的通道最好与商场入口相连，这样消费者在去商场时很容易进入到户外路演现场。

4. 各区布局要清晰，奖品要离舞台近一些，方便主持人利用奖品发放环节调动现场气氛。

5. 用产品或者特制的展示包装物砌成各种形状的堆头，并插上气球，吸引消费者到促销台前了解产品，购买产品。

6. 户外路演现场布置不是孤立的。简单的舞台+背景+广告宣传单页的时代已经过去，要想留住潜在的消费者就一定需要动脑筋，现场的布置与产品、品牌、户外路演内容以及观众品位相配套是关键。如蒙牛公司为了要宣传产品来自大草原，活动的背景就设计成草原风光，包括现场的工作人员也穿上草原特色的服饰。

7. 活动现场可设置少量沙滩椅吸引路人驻足小憩，更容易聚集人气，同时给消费者填写市场调查问卷、开展促销活动创造条件。

[第九步] 营造气氛

操作要点

1. 以刺激感官的方式营造现场气氛，如听觉方式，视觉方式等。

2. 以主持人的风格营造现场气氛。

3．以不同的活动内容烘托现场气氛，如表演节目、游戏、抽奖、现场表演秀等。

操作内容

本案例中，柯达公司是这样营造现场气氛的：

1．为了吸引更多的人前来观看、参与，活动开始前及活动中选择电声小提琴来做热场表演，迅速聚集现场人气后，主持人趁机介绍企业、产品及开展此次活动的目的。

2．户外路演主持人对产品特性和卖点比较熟悉，无论在烘托气氛方面，还是选择目标消费者进行一对一交流方面，主持人对现场的把握都比较到位。考虑到观众的"审美疲劳"，柯达公司动用三个主持人，男女搭配出场，在每轮长达30分钟的路演体验中，呈现在观众面前的都是新鲜的组合。

3．活动进行当中，派人到活动现场周围散发精美的宣传单，吸引大量的准消费者到现场参加活动。

4．给每一位填写了消费者调查表的观众赠送纪念品，从而吸引更多的观众参与。

5．每当活动进行到体验者带着自己亲手创作的T恤来到舞台上和现场拍照、打印的数码照片相互对比时，现场就会达到一次高潮。这是真正的现场表演秀。

操作说明

1．在户外路演活动中，一般都会利用现场制造的热烈气氛来拉动现场的销售。而现场气氛的营造需要户外路演现场环境、舞台背景的设计相配套，需要主持人、演员、促销员和现场工作人员的共同努力。

2．户外路演活动现场吸引的人群越多，效果越好。如何才能吸引更多的人前来观看甚至参与活动呢？

（1）活动开始前先来一段吸引人的节目（如果活动针对老年人可先放一段京剧，活动针对年轻人可先表演一段活力四射的街舞）将人群聚集到活动周围，主持人趁机介绍企业、产品及开展此次活动的目的。

（2）活动进行当中，可派人到活动周围散发精美的活动宣传单，吸引消费者来到活动现场。

（3）更好的办法则是制作大型的产品气模，请人穿上在活动周围四处游动，以吸引人群。蒙牛公司在某次户外路演活动中就曾经请了两头"奶牛"在活动现场周围游行，大大聚集了活动现场的人气。

3．主持人是整个活动现场的主角，他的风格直接影响到消费者的热情和现场的气氛。有不少主持人是在酒吧、电视台工作的，对这种促销活动的主持不是很熟悉，所以很难调动和把握现场气氛。主持人应该选择互动能力很强的、对企业产品有一定了解的、有主持户外路演活动经验的人，这样才能在户外路演活动中既能带动现场氛围，又能促进产品销售。主持人最好由企业内部人员担当。

4. 现场氛围的营造需要主持人和促销员的配合。聚集人气需要主持人，产品销售需要促销员。促销员在销售现场需要不停地对消费者重复产品的功能、优势，打动消费者进行现场购买。所以促销员应选择性格比较外向的、不怕挫折、有感染力的人。

5. 户外路演首先要能够吸引足够的人气，才能营造出热烈的现场气氛。活动现场的布置必须有吸引力。

采用以下方法都能提高现场气氛：

（1）如果所推广的产品外包装比较耀眼，也可将包装物拼起来美化现场或直接制作大型包装物。

（2）现场可将小挂旗、海报用绳子连成一串悬挂，烘托气氛。

（3）也可用字体、字样相同，距离相等的彩旗，对各功能区形成鲜明的分割。

（4）还可用主横幅（活动主题）、产品横幅（功效及特点）、祝福横幅造势。

（5）巨无霸充气模型、空中飞艇、热气球也有优秀的视觉效果。

（6）活动现场尽可能多地张贴 POP 广告。

（7）工作人员整齐别致的着装。

（8）给消费者带来的孩子分发印有活动说明的小气球。

（9）散发有利用价值的小型精美宣传品。

（10）特制的高帽子等。

6. 高音喇叭，不停地大声宣传，扩音器播放欢快的曲子，重复播放电视录像都可以造势。

7. 现场表演秀：可以事先找一些参与欲望很强的消费者，让其在现场表演、现身说法，也就是常说的"托"，但是最好不要用假托，让真正的消费者担任此角色，可直接刺激观众的购买欲望。

8. 每期中奖号码要以大幅手写海报在舞台、入口及场地周围展示，可有力地提升人气、渲染气氛。

[第十步] 活动过程控制

 操作要点

1. 组建活动工作队，明确职责分工。
2. 选好现场总指挥。

3. 人员前期安排与培训。
4. 准备应急方案。
5. 检查现场环境。

操作内容

1. 组成工作队并由市场部经理担任队长及现场总指挥，分配主持人 3 人（2男1女）、设备场地组 3 人、游戏组 2 人、促销组 5 人、公关组 2 人，从演出公司聘请 3 名表演人员，并明确各人的工作职责。

2. 活动前期对每个人的工作分工进行反复沟通培训，使每个人都能详细了解活动的主题、目的、意义、程序、注意事项等。并且做到一人多能多职安排，一旦人手不够就可互相补位。任务布置完毕后，让每个人复述自己的职责、出现问题时的处理程序和处理方法。

3. 确认场地、时间、物品、人员全部准备到位，并明确现场注意事项及纪律。现场人员明确分工，所有器械的卸车、摆放、防盗、防损、装车、清点及活动中各项具体职责都要落实到人，防止现场发生混乱和人员窝工。

4. 活动开始前工作人员要检查一下现场环境：
（1）舞台高度是否合理。
（2）舞台是否牢固。
（3）舞台上悬挂的装饰品是否牢固。
（4）气球、彩带、音响是否准备就绪。
（5）纪念品是否准备妥当。
（6）宣传品是否准备妥当。
（7）演员、主持人是否就绪等。

5. 活动结束后，清理现场，并结算各种费用。

操作说明

1. 工作队的组成通常由市场部经理或产品经理担任队长，指定设备组、游戏组、场地组、促销组、表演组、公关组的工作职责。每一小组可能是数人，也可能只由一人负责，视活动规模大小而定。

2. 负责市场的销售人员一定要参加，一来可增加人手；二来可以与终端消费者沟通了解，加深对产品的认识；三是有助于加强与市场支持人员的交流和理解。

3. 活动策划得再好，如果得不到有效执行，所有的工作均前功尽弃。因此事先与执行活动的工作人员进行有效沟通是十分必要的。

4. 现场活动应责任到人，针对可能出现的气候、安全、意外等情况准备相应的处理预案或应急方案，一旦出现问题，迅速按照预案或者应急方案处理，稳定现场局面。

5. 制订了详细的标准化作业流程后，顺利地展开执行作业是活动成功的关键。策划者最好亲自参与到活动实施现场，指导实施，必要时做一些调整工作。和企业、经销商、活动主管部门及活动合作伙伴（如演出公司、物流公司）在户外路演目的、方式方法等细节上协调沟通，努力把策划方案完善化、细致化。

6. 没有领头雁，雁群就会失去方向。现场总指挥的职责就是做好各方通联，把控整个户外路演活动。其人选最好是对企业产品和策划方案都比较熟悉的人：一方面能够按照程序有条不紊地执行策划案，另一方面可以总体规划整个现场的布置安排，调配人员各司其职，正确解答消费者的提问。

7. 加强保安力量，维持现场秩序，防止出现人群踩踏现象。

8. 户外路演成功的关键在于细节，细节决定成败。

[第十一步] 总结与评估

操作要点

针对活动几个目的的实现情况进行总结和评估。

操作内容

1. "我的感觉，我的色彩"的体验性活动得到了现场观众的踊跃参与。据了解，活动结束的时候，柯达用完了5套热升华打印色带，每套色带能打印43张数码照片，也就是说有200多位消费者在活动中体验了柯达数码影像产品的魅力。

2. 据统计，户外路演现场售出数码相机共125部，和200多名体验者的数量相比，这样的销售额应该算是不错的。

3. 在户外路演活动中，柯达公司的工作人员在户外路演活动现场、中关村海龙大厦和鼎好电子商城周边地区进行了定点区域数据采集。针对柯达数码相机的产品认知度、产品属性、受众喜好程度、消费习惯等问题进行了调查，参与问卷人数530人，有效问卷500份，并对调查问卷进行了统计分析，结果如表14-1和表14-2所示。

表14-1 观众购买数码相机优先考虑的品牌

索尼	柯达	奥林巴斯	佳能	三星	尼康	弃选
38.6%	31.6%	16%	6%	5.2%	1.4%	1.2%

表14-2 观众认为柯达数码相机具备的技术优势

色彩还原	图象白平衡处理	像素值优势	镜头质量优势	弃选
223人	86人	70人	93人	28人

操作说明

1. 活动执行完毕后，开总结会，分析出现的问题，做出相应的调整，是很必要的。
2. 对活动的评估，除了销量以外，可能还有意外的收获，如品牌区域宣传、良好的客情关系等。

五、相关知识

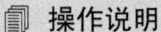 户外路演杂谈

一个高质量的户外路演活动是从品牌诉求、宣传定位到流程设计、情感沟通、制造氛围等多层面多细节的打造过程。它把产品定位、产品特色、广告诉求真正融入整个活动过程中，从而给消费者留下深刻的印象。

户外路演促销活动的规模较大、费用较高，其参与的人数、影响的人数都远远大于单纯的特卖、试吃等其他现场活动，因而常被当作新产品上市活动的"前奏"，主要用来"吸引人气"，对消费者形成拉力，在促销的同时还能提升企业形象。

现在很多企业的产品或服务都开始积极采用户外路演的形式，通过和消费者面对面的交流来宣传推广产品，相对动辄几十、上百万的广告费用来讲，户外路演的费用要低廉得多，但对于提高产品知名度和促进产品销售却有着不可估量的作用。

活动做到消费者的心中，那才是真正的活动。而这所有的一切，都要在细节中体现。把细节做好，执行也就能到位了。

六、典型案例分析

汇源果汁青岛户外路演活动

夏日炎炎，正是饮料销售的旺季。众多饮料厂家为了吸引消费者，通过多种方式来促销，而户外路演活动是扩大影响、提升销售量的首要选择。所以，在2005年7月17日（星期天）的青岛佳世客广场就上演了一场汇源果肉饮料与L品牌和W品牌三方短兵相接的户外路演大战。

当时，汇源的500毫升果肉产品已进店其他商业超市，却迟迟没有进店青岛佳世客超市。而超市旁边的佳世客广场位于青岛四大商圈之一的东部商圈，聚集了众多高档消费群体，并吸引着众多的消费者前来购物、休闲等，对产品的知名度具有较高的影响力。因此在此做户外路演活动，可以吸引众多消费者，同时吸

引佳世客超市有关人员的高度关注。

7月份，正是青岛市争创全国文明城市称号的关键时刻，在这个时候举办商业活动，基本上都不能被批准。为此，汇源公司在与城管充分沟通的基础上，结合热点问题，写出了活动申请并呈交给城管部门。

关于使用佳世客步行街广场的申请

青岛市城管办：

目前，青岛市正在积极争创首批全国文明城市。这是关系人居环境、关系城市发展、关系青岛形象的大事。全市人民团结一致，齐心协力，都在以实际行动为建设美好家园、创建文明城市做出贡献。

作为一直关注青岛市城市建设、多次丰富市民生活的公司，更应在此次活动中做出我们自己应有的贡献。为此，我公司拟定于2005年7月17日在佳世客广场步行街举行汇源产品宣传义演活动。

希望得到贵处的支持与批准为盼。

谢谢！

申请单位：青岛汇源公司
2005年7月5日

活动申请递交上去之后，青岛汇源公司的市场人员积极与城管部门沟通，以情理来打动对方，说明汇源是一个大品牌，举办这次宣传义演活动也是在为争创文明城市做贡献。在争取城管办审批的同时，为防止出现万一不批准，活动无法进行的局面，同时与不需要城管审批的台东三路步行街、李村步行街进行了接洽，也递交了活动申请。最终，在活动开始前三天城管办给予了同意批示。

消息传开后，众多的户外路演公司前来洽谈。从各户外路演公司提交的公司介绍（了解对方基本情况）、服务的客户（另一方面看其实力及服务能力）、报价（关键是所用的器材及节目等）等材料中筛选出了一家最适合的公司（不是最强的）进行充分细致的沟通。

有言道：细节决定成败。凡是做过路演活动的人，都知道一场演出的好坏，关键点就在于一个具有煽动性、互动性的主持人和吸引人的节目，以及好的音响器材。在与对方沟通的时候，对这几个关键点多次强调，确保无误。

在活动现场人员的安排上，本次活动的负责人，充分考虑了每个人员的素质和能力，进行周密分工，确立了促销组、礼仪组、照相组、安保组，特别设立了机动组，以应付现场的随机变化。并下发了培训材料，明确每个组的任务，每个组的组长、组员的工作职责等。

7月15日周五下午即将下班的时候，突然接到场地方面的电话，城管又批了一家L品牌，原因是他们和广播电台合作公益节目。另一家W品牌在补前期因为下雨延误的活动。场地负责人急忙与对方协调,一定要把公司的场地给留出来,场地方面同意了。

7月16日周六下午,在协调场地的同时,考虑到如果第二天不早早占据场地,极有可能会被其他两家占据更大的空间。于是,通知户外路演公司当天晚上前来搭建舞台(舞台必须是1.2米,高出其他两家一倍),并且要准备一个拱门;所有的促销人员、服务人员在第二天早上6:30前到场地布展,首先要将货物和太阳伞拉来,为的是提前占据有利位置。

当天早上,当物品早早拉到,太阳伞已经将广场占据了大部分位置,等待演出的时候,天下起了雨,但是看到进出广场的人众多,所以节目表演暂缓,促销人员开始销售工作。到10点左右,天气慢慢变好的时候,现场的其他两家才开始搭建帐篷,分组到位。这时,汇源的拱门已经树了起来,放在进入现场的入口位置,远远地看来,就是汇源果汁产品促销活动现场。根据人流分析,又安排了机动组人员在广场出口处,进行终端拦截。其他各组组长、保管、促销、试饮人员都已经各就各位。

为了在现场这个小小的舞台上打好这场三家竞争的"战斗",在活动开始前又召集了所有的分管人员开会,重申了活动方式和组织安排。

活动开始之后,第一组的人由颇具口才的王经理负责,所有进入佳世客广场的顾客都会听到他的声音:"欢迎进入汇源果汁'果肉多多,滋味浓浓'活动现场,欢迎品尝。"这样,所有的人员都会有一种先入为主的印象,以为这就是汇源果汁的活动现场。第二组、第三组的人员放在中间,主要是对应对面W品牌的两个组。第四组放在边上,主要对应L品牌。临时增加的第五组,放在另一出口(同时可做进口)处,进行拦截。现场音乐响起的时候,人员开始聚集,等主持人上台的时候,人气已经基本上被吸引到了这边,初步显示出活动胜利的迹象。

当天下午节目开始前,乐队热场时,原先正在观看L品牌活动的观众,基本上都过来了,最终导致对方早早收场。当天下午,与W品牌的老总在聊到本次活动的时候,他连声说:你们的组织太严密了,细节方面做得非常好。

最终,统计销售量,W品牌销售了3 000多元,而汇源的销售额却是他们的2倍多,共8 900多元。其实,最重要的还是当天吸引的人气,他们在观看节目、参与活动、品尝产品的同时已经领略了汇源的大气,并且在心目中树起了汇源果汁产品的良好形象。

案例分析:

汇源公司户外路演活动的成功主要基于以下两点。

1. 变不利为有利:当青岛市因为争创全国文明城市而不批准在主要公共场所举办大型户外商业活动的时候,汇源公司在与城管部门的沟通中,以"关注城

市建设、丰富市民生活，为青岛市争创全国文明城市做贡献"的理由形成突破，使活动顺利得到批准。

2．做好细节，执行到位：从与户外路演公司的沟通到活动人员的分工，从进场的时间到布展的规划，从应对竞争者到吸引人气，整个活动对每个细节都考虑得很周到（除了对当天下雨的预料），执行得很到位。

七、实践练习

安乐寿险公司户外路演促销活动实施方案

安乐寿险公司为了使营销人员走出客户资源过早枯竭的困境，准备利用"路演"的形式搞一个推广活动来开发市场、争取客户。

请为该公司做一个路演活动实施方案，并包括以下内容。

1．明确户外路演目的：运用户外路演活动进行寿险营销的目的要放在公司品牌、产品的宣传、市场的开拓和新客户资源的积累上，而不是签单，为什么？如果一定要在现场进行产品销售，那应该选择具有什么特征的寿险产品？

2．根据安乐公司的目的，请为此次户外路演活动确立主题。

3．根据安乐公司的目的和主题，请安排本次活动的内容。

4．如何确定活动时间和地点？应考虑什么因素？

5．请设计现场活动的流程。

6．在进行现场设备及布展设计时，至少要构建几个功能区？各起什么作用？

7．举出几个营造气氛的办法。

8．如何利用活动收集信息及开展业务？

参 考 文 献

[1] 赵彬．促销手册[M]．北京：中国华侨出版社，2002．

[2] 陈海鹃，时莉．促销经理手册[M]．北京：企业管理出版社，1999．

[3] 陈海娟．超市营销[M]．北京：企业管理出版社，1999．

[4] 尚晓春．市场营销策划[M]．北京：高等教育出版社，2000．

[5] 仇向洋，朱志坚．营销管理[M]．北京：石油工业出版社，2003．

[6] 李颖生，陈海滨．市场开拓[M]．北京：企业管理出版社，1999．

[7] 牛海鹏．营销经理手册[M]．北京：企业管理出版社，1999．

[8] 吴建武，李佳．销售经理手册[M]．北京：企业管理出版社，1999．

[9] 罗文英．市场营销学[M]．上海：华东理工大学出版社，2004．

[10] 韩光军．产品促销手册[M]．北京：经济管理出版社，2002．

[11] 周国林．100个成功的促销策划[M]．北京：机械工业出版社，2003．

[12] 曲云波，吴军．促销实战策略[M]．北京：中国商业出版社，1994．

[13] 顾松林．消费品营销策略[M]．上海：上海远东出版社，1999．

[14] 褚素萍，鲁怀坤．新编市场营销学案例[M]．成都：西南财经大学出版社，1998．

[15] 刘保孚．策划实务全书[M]．北京：经济日报出版社，1995．